余培林 注譯

新譯老子讀本

三民書局 印行

國家圖書館出版品預行編目資料

新譯老子讀本／余培林注譯.－－初版十九刷.－－
臺北市：三民，2006
面； 公分.－－(古籍今注新譯叢書)

ISBN 957-14-0730-5 (精裝)
ISBN 957-14-0731-3 (平裝)

121.311 80001493

© 新譯老子讀本

注譯者 余培林
發行人 劉振強
著作財產權人 三民書局股份有限公司
臺北市復興北路386號
發行所 三民書局股份有限公司
地址／臺北市復興北路386號
電話／(02)25006600
郵撥／0009998-5
印刷所 三民書局股份有限公司
門市部 復北店／臺北市復興北路386號
重南店／臺北市重慶南路一段61號
初版一刷 1973年10月
初版十九刷 2006年1月
編 號 S 030220
基本定價 貳元肆角
行政院新聞局登記證局版臺業字第○二○○號

ISBN 957-14-0731-3 (平裝)

刊印古籍今注新譯叢書緣起

劉振強

人類歷史發展，每至偏執一端，往而不返的關頭，總有一股新興的反本運動繼起，要求回顧過往的源頭，從中汲取新生的創造力量。孔子所謂的述而不作，溫故知新，以及西方文藝復興所強調的再生精神，都體現了創造源頭這股日新不竭的力量。古典之所以重要，古籍之所以不可不讀，正在這層尋本與啟示的意義上。處於現代世界而倡言讀古書，並不是迷信傳統，更不是故步自封；而是當我們愈懂得聆聽來自根源的聲音，我們就愈懂得如何向歷史追問，也就愈能夠清醒正對當世的苦厄。要擴大心量，冥契古今心靈，會通宇宙精神，不能不由學會讀古書這一層根本的工夫做起。

基於這樣的想法，本局自草創以來，即懷著注譯傳統重要典籍的理想，由第一部的四書做起，希望藉由文字障礙的掃除，幫助有心的讀者，打開禁錮於古老話語中的豐沛寶藏。我們工作的原則是「兼取諸家，直注明解」。一方面熔鑄眾說，擇善而從；

一方面也力求明白可喻，達到學術普及化的要求。叢書自陸續出刊以來，頗受各界的喜愛，使我們得到很大的鼓勵，也有信心繼續推廣這項工作。隨著海峽兩岸的交流，我們注譯的成員，也由臺灣各大學的教授，擴及大陸各有專長的學者。陣容的充實，使我們有更多的資源，整理更多樣化的古籍。兼採經、史、子、集四部的要典，重拾對通才器識的重視，將是我們進一步工作的目標。

古籍的注譯，固然是一件繁難的工作，但其實也只是整個工作的開端而已，最後的完成與意義的賦予，全賴讀者的閱讀與自得自證。我們期望這項工作能有助於為世界文化的未來匯流，注入一股源頭活水；也希望各界博雅君子不吝指正，讓我們的步伐能夠更堅穩地走下去。

序

《老子》一書，雖僅五千餘言，可是有關《老子》的著述，卻不下千餘種。其文字的總和，超出原書千萬倍之多。在中國所有的典籍中，除《論語》之外，恐怕是沒有一本書可以與之倫比的了。

這本書之所以受到如此的重視，不出兩個原因：一是其思想「微妙玄通，深不可識。」使人一接觸它，就感覺到其中別有天地，且廣大無垠，而非要一窮其究竟不可。一是其思想已深入到國人的心底，如「知足常樂」、「柔能克剛」、「不敢為天下先」等道理，國人幾乎無人不知，也無人不奉為圭臬。我們甚至可以說，每個中國人的體軀裏，或多或少總存有一點老子思想的細胞。老子的思想如此的深邃，其影響如此的廣遠，所以自漢代以來，不知道有多少文人學者埋首其中，從事研究探討的工作。於是有關《老子》的著述，遂日益繁富了。

經過歷代學者的考證與闡發，老子的精微思想，差不多已完全顯露。今天我們所要做的工作，是用現代的語言把《老子》注釋、翻譯出來，以供給現代人閱讀——這正是本書編寫的目的。然而這並不是一件簡單的工作。要達成這個使命，必須具備兩個基本的條件：一是對前人重要的著述要有所涉獵；二是對老子的思想系統要有所瞭解。具備前一個條件，才不致有孤陋寡聞之弊；具備後一個條件，才不致有前後乖違之失。

當筆者編寫本書的時候，嚴靈峯先生的《老子集成》上下編都已出版，所以有關《老子》的重要著作，筆者很幸運的都能輕易讀到。而筆者一向喜歡諸子之學，尤偏愛於老莊，平時對《老子》一書就曾不斷的閱讀，自認為對老子思想頗有認識；但當執筆作注的時候，卻感到處處是問題。有時候為了一個問題，思索終日而不得其解，查遍典籍而不得其要。這固然是由於老子思想的淵深，但也是因為筆者力薄識淺啊！因此，這五千餘言，竟整整的用了兩年的時間，才告注釋完成。

本書的注釋，很多取自前人。對於不同解釋的取捨，不問古今，但問是否能合老子的原意，筆者是毫無成見的。就以「大器晚成」（四十一章）一語為例，所有的注釋都把「晚」字解為早晚的晚，只有陳柱把它讀成「免」，解作「無」。細觀文義，「晚」訓為「無」，這一句話才能和上文「大方無隅」，下文「大音希聲」、「大象無形」一貫，若解作早晚的晚，就覺得有點扞格而不暢。所以，本書就用了陳柱的說法。像這樣的例子很多，這裏不能一一列舉，讀者在閱讀本文的時候，自然會發現的。

當然，有的地方，筆者也表示了一點淺見。不過，這絕不是為了要標新立異，而完全是觀點的不同。舉「寵辱若驚，貴大患若身」（十三章）為例，歷來的注家都不得其解，有人改字來說，有人顛倒來講，結果還是不能令人滿意。拙見以為這兩句話是古語（陳柱亦主此說，詳見十三章注❶❷），兩個「若」字都解作「則」或「乃」，猶口語的「於是」，「貴」是畏懼的意思（河上公說），「身」與「驚」是互備語。這兩句話譯成現代的口語，就是：世人得寵和受辱都因而身驚，畏懼大禍患也因而身驚。如此，和上下文就能一氣貫通了。像這樣的例子也不少，這裏也不能一一列舉。不過，這些淺見是否能獲得方家的同意，就不得而知了。

本書雖寫作了兩年之久，但因為筆者學識淺薄，錯誤的地方，是在所難免的，還希望博雅君子，不吝賜教。

本書完稿後，蒙業師張起鈞教授多所指正，這裏謹致謝意！

民國六十一年一月余培林於師大

新譯老子讀本 目次

（以每章第一句或片語為題，以便查閱）

刊印古籍今注新譯叢書緣起
序
導讀
第一章 道可道非常道……一
第二章 天下皆知美之為美……四
第三章 不尚賢……七
第四章 道沖而用之或不盈……九
第五章 天地不仁……一一

第六章　谷神不死……一三
第七章　天長地久……一五
第八章　上善若水……一七
第九章　持而盈之不如其已……一九
第十章　載營魄抱一……二一
第十一章　三十輻共一轂……二三
第十二章　五色令人目盲……二五
第十三章　寵辱若驚……二七
第十四章　視之不見……三〇
第十五章　古之善為道者……三二
第十六章　致虛極……三五
第十七章　太上不知有之……三七
第十八章　大道廢……三九
第十九章　絕聖棄智……四一
第二十章　絕學無憂……四三

第二十一章 孔德之容……四六
第二十二章 曲則全……四八
第二十三章 希言自然……五〇
第二十四章 企者不立……五二
第二十五章 有物混成……五四
第二十六章 重為輕根……五六
第二十七章 善行無轍迹……五八
第二十八章 知其雄守其雌……六〇
第二十九章 將欲取天下而為之……六二
第三十章 以道佐人主者……六四
第三十一章 夫佳兵者不祥之器……六六
第三十二章 道常無名……六九
第三十三章 知人者智……七一
第三十四章 大道氾兮……七三
第三十五章 執大象……七五

第三十六章　將欲歙之……七六
第三十七章　道常無為……七八
第三十八章　上德不德……八〇
第三十九章　昔之得一者……八二
第四十章　反者道之動……八五
第四十一章　上士聞道……八六
第四十二章　道生一……八九
第四十三章　天下之至柔……九一
第四十四章　名與身孰親……九二
第四十五章　大成若缺……九四
第四十六章　天下有道……九六
第四十七章　不出戶知天下……九七
第四十八章　為學日益……九八
第四十九章　聖人無常心……九九
第五十章　出生入死……一〇一

第五十一章 道生之……一〇三
第五十二章 天下有始……一〇五
第五十三章 使我介然有知……一〇七
第五十四章 善建者不拔……一〇九
第五十五章 含德之厚……一一一
第五十六章 知者不言……一一四
第五十七章 以正治國……一一六
第五十八章 其政悶悶……一一八
第五十九章 治人事天莫若嗇……一二〇
第六十章 治大國若烹小鮮……一二二
第六十一章 大國者下流……一二四
第六十二章 道者萬物之奧……一二六
第六十三章 為無為……一二八
第六十四章 其安易持……一三〇
第六十五章 古之善為道者……一三二

第六十六章　江海所以能為百谷王者……一三四
第六十七章　天下皆謂我道大……一三五
第六十八章　善為士者不武……一三七
第六十九章　用兵有言……一三八
第七十章　吾言甚易知……一四〇
第七十一章　知不知……一四二
第七十二章　民不畏威……一四四
第七十三章　勇於敢則殺……一四六
第七十四章　民不畏死……一四八
第七十五章　民之饑……一四九
第七十六章　人之生也柔弱……一五〇
第七十七章　天之道……一五二
第七十八章　天下莫柔弱於水……一五四
第七十九章　和大怨……一五六
第八十章　小國寡民……一五八

第八十一章　信言不美……一六〇
本書引用參考書目……一六三

導讀

一、老子其人

老子的事蹟，最早見於《史記・老莊申韓列傳》。要想知道老子的生平，不能不讀這篇文章。傳文說：

> 老子者，楚苦縣厲鄉曲仁里人也。名耳，字聃，姓李氏。周守藏室之史也。孔子適周，將問禮於老子。老子曰：「子所言者，其人與骨皆已朽矣，獨其言在耳。且君子得其時則駕，不得其時則蓬累而行。吾聞之：良賈深藏若虛；君子盛德，容貌若愚。去子之驕氣與多欲，態色與淫志。是皆無益於子之身。吾所以告子，若是而已。」孔子去，謂弟子曰：「鳥、吾知其能飛；魚、吾知其能游；獸、吾知其能走。走者可以為罔，游者可以為綸，飛者可以為矰。至於龍，吾不能知，其乘風雲而上天。吾今日見老子，其猶龍邪！」老子修道德，其學以自隱無名為務。

居周久之，見周之衰，迺遂去。至關，關令尹喜曰：「子將隱矣、強為我著書。」於是老子迺著書上下篇，言道德之意，五千餘言而去。莫知其所終。或曰：老萊子亦楚人也。著書十五篇，言道家之用。與孔子同時云。蓋老子百有六十餘歲，或言二百餘歲，以其修道而養壽也。自孔子死之後百二十九年，而史記周太史儋見秦獻公曰：「始秦與周合，合五百歲而離，離七十歲而霸王者出焉。」或曰：儋即老子。或曰：非也。世莫知其然否。老子隱君子也。老子之子名宗，宗為魏將，封於段干。宗子注。注子宮。宮玄孫假，假仕於漢孝文帝。而假之子解為膠西王卬太傅，因家於齊焉。世之學老子者則絀儒學，儒學亦絀老子。道不同，不相為謀，豈謂是邪！李耳無為自化，清靜自正。

梁啟超先生說這篇傳「迷離惝怳」（論《老子》書作於戰國之末），這篇傳是否如梁先生所說的那樣的不可信呢？下面我們分姓名、籍貫、職守、與孔子的關係、離周後的行蹤、年壽、與老萊子的關係、與太史儋的關係、後代世系等九項，來作一番研究。至於老子書與老子哲學，則於下一節中再作討論。

㈠姓名

《史記》本傳說是「名耳，字聃，姓李氏。」遍查古籍，春秋時代並沒有姓李的，直到戰國時代才有李悝、李克、李牧等，可見李姓的產生是很晚的事。老子應姓老。《左傳・成公十五年》

有老佐，〈昭公十四年〉有老祈，《論語》有老彭，《史記》有老萊。老子是不是他們的一系，不可確考，但古有老姓是沒有疑問的。先秦諸子，都以姓稱，孔子、墨子、孟子、莊子、荀子、韓子等無不如此。老子既稱老子，不稱李子；稱老聃，不稱李聃，可見他是姓老而不是姓李。老子姓老，而誤為姓李，是因為「老」「李」二字音近的關係。這就猶如荀卿被誤為孫卿一樣。

(二)籍貫

本傳說是「楚苦縣厲鄉曲仁里」。《禮記・曾子問》孔穎達《疏》引《史記》作「陳國苦縣賴鄉曲仁里」，葛洪《神仙傳》又作「瀨鄉」。苦縣本屬陳國，春秋末年楚滅陳，遂為楚國所有，所以《史記》稱「楚苦縣」。至於「厲鄉」或作「賴鄉」，或稱「瀨鄉」，是因為「厲」、「賴」、「瀨」三字音同通用的關係。

(三)職守

本傳說是「守藏室之史」。司馬貞《索隱》說：「藏室史乃周藏書室之史也。〈張湯傳〉：老子為柱下史，即藏室之柱下，因以為官名。」所謂「藏室之史」，就是藏書室之史，也就是《莊子・天道》的「徵藏史」。這個藏室在殿柱之下，所以又名柱下史。職掌方冊之書，相當於今日的圖書館館長。

(四)與孔子的關係

孔子見老子的事，〈孔子世家〉的記載，與本傳稍有出入。其文如下：

魯南宮敬叔言魯君曰：請與孔子適周。魯君與之一乘車、兩馬、一豎子，俱適周問禮，蓋見老子云。辭去，而老子送之曰：「吾聞富貴者送人以財，仁人者送人以言。吾不能富貴，竊仁人之號。送子以言曰：聰明深察而近於死者，好議人者也；博辯廣大危其身者，發人之惡者也。為人子者，毋以有己；為人臣者，毋以有己。」孔子自周反于魯，弟子稍益進焉。

除《史記》外，《禮記‧曾子問》，《莊子‧天地》、〈天道〉、〈天運〉、〈田子方〉、〈知北遊〉諸篇，《呂氏春秋‧當染》都有記載，而內容也都有出入。

孔子究竟有沒有見過老子，這是歷來爭論激烈而沒有結果的問題。我們認為必有其事，理由有六：

(1)記載這件事的文字極多，如果這事是戰國時人的向壁虛構，不會流傳的如此之廣。

(2)《禮記》是儒家的典籍，如果這事不是事實，編輯這本書的人，是不會把它收進去的。

(3)〈曾子問〉中載孔子從老子助葬于巷黨，而遇日食。這種事情，無法假造。

(4)《莊子》上記載孔子和老子的談話獨多，其內容固難全信，但孔子曾與老子見過面，總不會有問題的。不然，莊子為什麼不寫成孔子見楊朱、墨翟，而獨寫見老子呢？

(5)《史記・仲尼弟子列傳》序文中說：「孔子之所嚴事：於周則老子，於衛蘧伯玉，於齊晏平仲，於楚老萊子，於鄭子產，於魯孟公綽。」蘧伯玉、晏平仲、老萊子、子產、孟公綽，都實有其人。孔子與他們交接的事，古書也都有記載。由此可推知，老子也必定真有其人，而孔子問禮於老子的事也必定不假。

(6)司馬遷是一位儒者，他非常崇奉孔子。他寫《史記》，就有志傳春秋之業。如果沒有極可靠的資料，他是斷斷不會污蟣他所崇奉的人物的。可惜的是這部分極可靠的資料（金匱石室之書）失傳了。但無論如何，老子本傳與〈孔子世家〉中有關孔子和老子相見的事，絕非採自《莊子・天運》、〈外物〉二篇，則是可以斷定的。

我們不僅相信孔老相會是事實，並且認為他們相會至少有兩次。一次是在孔子三十四歲時，地點是周；一次是在孔子五十一歲時，地點是沛（此據《莊子》）。從老子助葬，遇日食，當是第一次的事。至於老子本傳及〈孔子世家〉中所載老子對孔子不同的談話，究竟是第一次說的，還是第二次說的，就無法推定了。

(五)離周後的行蹤

老子看到周室衰微，於是離周而去。去了那裏呢？本傳說他至關著書而去，出關以後，就「莫知其所終」了。老子所到的關，《索隱》與《正義》都有二解，一是散關，一是函谷關。但古書中單用一個「關」字，都是指函谷關。關外就是秦國，是則可知老子出關以後是去了秦國。又《莊子・養生主》說：「老聃死，秦佚弔之，三號而出。」〈養生主〉是莊子自己寫的，其說法當然可信。釋道宣《廣弘明集・辨惑篇序》就說：「李叟生於厲鄉，死於槐里。莊生可為實錄，秦佚誠非妄論。」又於跋孫盛《老子疑問反訊》中說：「老子遁於西裔，行及秦境，死於扶風，葬於槐里。」是則又可知老子最後死於秦地，並非「莫知其所終」。至於後來的老子化胡成佛云云，完全是穿鑿附會之說，不值得一提。

(六)年壽

老子生於何年，卒於何年，已不可確考。只能知道他與孔子同時而稍長。本傳說他活到一百六十餘歲、二百餘歲，實難以令人置信。史遷連用上兩個疑辭「蓋」字和「或」字，看來他自己也不敢確信。胡適之先生說：「老子即享高壽，至多也不過活了九十多歲罷了。」（《中國哲學史大綱》）我們的看法也是如此。

(七)與老萊子的關係

老子與老萊子根本是兩個人，這有三個證明：一是〈仲尼弟子列傳序〉說：「孔子之所嚴事，於周則老子……，於楚老萊子。」二人並列，是老子自老子，老萊子自老萊子。二是本傳說老子「著書上下篇，言道德之意。」說老萊子「著書十五篇，言道家之用。」著書篇數不同，內容亦不同。三是史遷敘述老萊子時，特冠上一個「亦」字，而說「亦楚人也。」這是表明老萊子與老子的關係，僅同一鄉里而已。凡此皆足以證明老子與老萊子並非一人，也足以證明史遷並沒有誤認他們是一人，而張守節《正義》竟說：「太史公疑老子或是老萊子，故書之。」羅泌路史更說：「老子邑於苦之賴，賴乃萊也，故又曰老萊子。」這是他們的附會，與史遷無關。

老子和老萊子不是一人；但不能說他們沒有關係。他們的關係一是同姓老，很可能是同族。二是同是楚人。三是同是道家人物。史遷於〈老子傳〉中附述老萊子，很可能就是因為他們具有這三種關係的原因。

(八)與太史儋的關係

認為老子就是太史儋的，始於本傳中說「儋即老子」的那位或人。後來畢沅《道德經考異》和汪中《老子考異》都力主此說，而持論最堅的則是羅根澤。其論據一是「耼」與「儋」音同通用；二是二人同是周的史官；三是二人都曾出關赴秦；四是如此才能解決老子八代孫和孔子十三代孫同時的問題（老子及《老子》書的問題）。這四點高亨都曾予以駁斥過。他說：「耼」和「儋」字通用，未必就是一個人的名字。同仕周為史官，未必就是一個人的事情。同出關入秦，未必就是一個人的事蹟；為魏將封於段干的宗，並非老子之子，而是他的後裔。他的結論是「老耼與太史儋決非一人」（《史記老子傳箋證》）。

老子不是太史儋，在高亨的說法外，我們還可以找出三點理由：一是太史儋見秦獻公事，

〈周本紀〉、〈秦本紀〉、〈封禪書〉都有記載，而都沒有「儋即老子」的說法。二是本傳中「或曰儋即老子，或曰非也」一段，是採自傳說。傳說當然可疑，但「春秋之義，信以傳信，疑以傳疑」（《穀梁傳‧桓公五年》）。司馬遷自己也說：「故疑則傳疑，蓋其愼也。」（〈三代世表序〉）所以他特別用上兩個「或曰」，以別於採自史傳的可靠的史料。三是太史儋見秦獻公，在孔子死後一百零六年，這時候老子當已二百歲左右。即使他能活到這麼久，恐怕也無法由周至秦了。

老子和太史儋既然是二人，怎麼會有「儋即老子」的傳說呢？我們以為太史儋當是老子的後裔，當時也稱「老子」。老子為史官，後離周適秦，歷百多年傳至儋為周太史，又去周適秦。他們姓同，官同，行蹤同，「聃」「儋」音又相同，所以後世就把他們混為一人了。這與孫武和孫臏被誤混的情況相同。

(九)後代世系

本傳說：「老子之子名宗，宗為魏將，封於段干。宗子注。注子宮。宮玄孫假，假仕於漢孝文帝。而假之子解為膠西王卬太傅，因家於齊焉。」這段文字頗引起後世學者的懷疑。因為魏列於諸侯，是孔子卒後六十七年的事。這時候老子之子宗當在百歲以上，而竟然能為魏將，豈非奇事？再者孔子第十三代孫孔安國，當漢景、武帝時。老子的八代孫解竟能和他同時，豈不更奇？張煦對這兩個疑點曾有個解釋，他說：魏為諸侯，雖在孔子卒後六十七年；但宗為魏將的魏是畢萬之魏，為晉六卿之一。史遷稱他為魏將，這是舉後制以明前的一種筆法。至於老子八代孫和孔子十三代孫同時，那是因為孔子的後代皆不永年，而老子的後代都長壽的原因。他又舉出一個可能，就是「宮玄孫假」的「玄」字作「遠」字解，如此，自宗至解，就不止八代了（梁任公〈提訴老子時代一案判決書〉）。張煦的解釋雖說得通，但總難以使人心服。

我們以為宗並不是老子的兒子，而是太史儋的兒子。《史記・魏世家》說：「安釐王四年，秦破我及韓趙，殺十五萬人，走我將芒卯。魏將段干子請予秦南陽以和。」《戰國策・魏策》說：「華陽軍之戰，魏不勝秦，明年將使段干崇割地而講。」「宗」和「崇」古音同通用。本傳說：「宗為魏將，封於段干。」是宗即〈魏世家〉裏的段干子，亦即《戰國策・魏策》裏的段干宗。考華陽之戰，在周赧王四十二年，西元前二百七十三年，而太史儋入秦，在周烈王二年，西元前三百七十四年。中間相隔一百零一年。假設太史儋入秦時為三十餘歲，六十餘歲生宗，則華陽之戰時，宗為六十餘歲，為魏將是極可能的事。因為太史儋與老子相混，太史儋的兒子也就被誤為老子的兒子了。宗是太史儋的兒子，則八傳至解為膠西王卬太傅，也就自然是合情合理的事。

由上面的九項看來，《史記》所載的老子生平事蹟，並不「迷離惝恍」，而大致可信。如果把其中可疑的幾處稍加修訂，則老子的生平就非常清楚了。

二、老子其書

(一)作者

《史記・老子傳》說：「於是老子迺著書上下篇，言道德之意，五千餘言而去。」所云「上下篇」、「言道德之意」、「五千餘言」，都和現行的《道德經》符合，是史遷的說法應該可信；但是後代懷疑它的人卻不少。有人以為《道德經》是太史儋所作，有人以為是莊子之徒所依托，有人以為是呂不韋門客所纂輯，更有人以為是漢人所掇拾。真是眾說紛紜，莫衷一是。在這紛紜眾說中，我們認為還是史遷的說法最為可信。其理由有三：

(1)《莊子・天下》說：「老聃曰：知其雄，守其雌，為天下谿；知其白，守其辱，為天下谷。」所引見《道德經》十八章。《韓非子・內儲說下》說：「經曰：其說在老聃之失魚也。說曰：勢重者人主之淵也；臣者，勢重之魚也。魚失於淵而不可復得也；人主失其勢重於臣，而不可復收也。」所引見《道德經》三十六章。又〈六反〉說：「老聃有言曰：知足不辱，知止不殆。」所引見《道德經》四十四章。兩書所引的話，直稱是老聃所說，而這些話都在今《道德經》中，可見〈天下〉的作者和韓非，已確認《道德經》為老子所作。

(2)除少數的幾章和幾個詞句外，《道德經》全書的思想一貫而自成一個系統，這說明了這本書出於一人之手，是一本專著，絕非纂輯掇拾而成。而《荀子・天論篇》說：「老子有見於詘，無見於信。」《呂氏春秋・不二》說：「老聃貴柔。」「詘」和「貴柔」，都是《道德經》一書的旨趣。這足以說明《道德經》是春秋末年的老子所作。

(3)就思想發展上看，《道德經》中所表現的思想，該是道家的創始，而不是集大成。

胡適之先生曾說：「《老子》書中論『道』，尚有『吾不知其名，字之曰道，強為之名曰大』的話，是其書早出最有力之證。這明明說他初得著這個偉大的見解，而沒有相當的名字，只好勉強叫它做一種歷程——道——或形容它叫做『大』。這個觀念本不易得多數人的瞭解，故直到戰國晚期才成為思想界一部分人的中心見解。但到此時期——如《莊子》書中——，這種見解，已成為一個武斷的原則，不是那『強為之名』的假設了。」（〈與錢穆先生論老子問題書〉）徐復觀先生曾說：「《老子》一書，沒有一個性字。性字的流行，乃在戰國初期以後，所以《論語》中也只有兩個性字。現行《老子》一書中，有實質的人性論，但不曾出現性字，這正可證明它是成立於戰國初期以前的東西，不足為異。」（〈道家人性論的創始者——老子的道與德〉）胡、徐二位先生的看法，真是超人一等。如果仔細推究戰國時代的道家之學，則知列子的貴虛，是老子貴柔思想的演進；楊朱的為我，是老子無為哲學的發展；莊子的放蕩，是老子自然主義的開拓。諸家之說雖精微玄妙，但「其要本歸於老子之言。」而《道德經》則是諸家學說的搖籃。

固然，一把兩面鋒利的劍，可以兩面割；但被割的東西總有剛柔之分，割的人也總有難易之感。我們以老子作《道德經》，以《道德經》為道家思想的發軔，總比以《道德經》為綴輯舊說而成，要來得順暢而自然些。

二成書年代

《道德經》的作者是老子，但把老子的話著之於竹帛而成書的，卻並不是老子。這和《論語》不是成之於孔子，《墨子》不是成之於墨翟是同一個道理。《論語》、《墨子》皆成之於弟子或再傳弟子之手，《道德經》當亦如是。所不同的只是《道德經》缺少「老子曰」的字樣罷了。據我們的看法，《道德經》的成書，當在春秋末年，或戰國初年，和《論語》同時而或上下。我們所持的理由有二：

(1)先秦典籍多引老子的言論，而所引的話大多在今《道德經》中。據前人的統計，先秦典籍引《道德經》的情形如下：

①《戰國策・齊策》一次，〈魏策〉一次。

②《莊子・外篇・胠篋》四次，〈在宥〉二次，〈天地〉二次，〈天道〉一次，〈至樂〉三次，〈達生〉一次，〈山木〉二次，〈田子方〉一次，〈知北遊〉三次。〈雜篇・庚桑楚〉二次，〈則陽〉一次，〈寓言〉一次，〈天下〉一次。

③《韓非子・外儲說下》一次，〈六反〉一次。另〈解老〉及〈喻老〉兩篇，專論老學。

④《呂氏春秋・貴生》一次，〈制樂〉一次，〈樂成〉一次，〈君守〉一次。

此外，各書不引《道德經》原文，而引它的意思的，多到不可勝數。

《戰國策・齊策》所引一條，是顏斶對齊宣王時所說。宣王在位自周顯王二十七年，西元前三四四年，至周顯王四十五年，西元前三百二十四年。是則《道德經》在西元三百二十四年前就已流行。莊子、荀子皆生當這個時候，所以《莊子》書中引《老子》的話特多，《荀子》書中雖沒有援引，但〈天論〉中說：「老子有見於詘，無見於信。」是荀子也曾見過《道德經》。由此看來，《道德經》的成書當在戰國初期或更早，當無疑問。

(2)戰國諸子之書，如《孟子》、《莊子》、《荀子》、《韓非子》，都是長篇大論，說理述事，不厭其繁。而《道德經》則簡練明暢，雖不是問答體，卻頗類《論語》。這當然不會是有意為之，而是有其不得不簡練的原因。這原因當是書寫工具的不發達，記載的不容易。要說《道德經》成之於戰國諸子之後，似乎不合文體發展的趨勢。

當然，《道德經》中也有後人羼入的文字，如二十六章的「萬乘之主」，全書常見的「侯王」等詞，顯然都是戰國時代的成語，不是春秋末年所能有的。三十一章「偏將軍居左，上將軍居右，言以喪禮處之」等句，則又是注文的誤入。至於三章的「不尚賢」，十九章的「絕仁棄義」，則未必是對《墨子》尚賢主義、《孟子》仁義思想的排斥。因為尚賢是春秋末年的政治要求，《論語》就有「舉賢才」的說法，《墨子》只是獨重而已。「仁義」二字連用，《國語・周語上》，《墨子・非攻》中都有，也不是《孟子》的專利品。無論如何《道德經》的成書，是不會遲到孟子時代的。

《老子》，又名《道德經》，分上下二篇。唐釋道士《法苑珠林》引《吳書》闞澤對孫權說：「漢景以《黃子》《老子》義體尤深，改子為經。」這是《老子》稱經的初始。《太平御覽》卷一百九十一引楊雄《蜀王本紀》說：「老子為關尹喜著《道德經》。」這是《老子》稱《道德經》的開頭。《老子》之所以稱《道德經》，當是取上篇的第一句「道可道，非常道」，與下篇的第一句「上德不德」中「道」「德」二字而成。

三內容簡介

《道德經》原來分好多章，不得而知。漢嚴遵《道德經指歸》分為七十二章，但嚴書是偽作，不足為據。王弼舊本分七十九章，今王弼本、河上本都分為八十一章。上篇三十七章，下篇四十四章。河上本每一章的前面另有標題，如體道第一，養身第二……，這當是河上公所妄加的，而非《道德經》的本來面目。王弼、河上公以後，各注家或以己意分合，但大多以八十一章為準。

《道德經》的字數通常稱五千言，實際上有五千二百多字。也有少到不足五千字的，那是後人的有意刪削，非《道德經》之舊。另有一種「五千文」，剛好五千字，則是另有來源（嚴靈峯先生有專文論說），並非五千二百多字的簡約。

至於注釋及闡述《道德經》的書，根據嚴靈峯先生所彙集的書目統計，從漢朝到近代，現存的有二百八十三種，原書散失僅存其目的有二百八十二種。日人的著述一百九十二種，總計有七百五十七種。如果把有關的論述一齊列入，則有一千六七百種之多，真是猗歟盛哉！

三、老子哲學要旨

(一)哲學體系

老子的哲學系統，是由宇宙論伸展到人生論，再由人生論伸展到政治論。但老子思想的形成，我們認為剛好和上面的次序相反，是先有政治論，後有人生論，最後才有宇宙論。並且他的宇宙論的建立，其目的也只是為了解決人生和政治上的問題，這只要看《道德經》全書大半都在談人生修養和治政方術，就可明白了。但不管怎樣，他的宇宙論總是他整個哲學的基礎。因此，明瞭他的宇宙論，也就等於明瞭他的全部哲學了。

老子的整個哲學，全在一個「道」字，他的宇宙論也以「道」為基礎。老子認為宇宙的本源是「道」，天地萬物皆由「道」所創生。他說：

> 有物混成，先天地生。寂兮寥兮，獨立而不改，周行而不殆，可以為天下母。吾不知其名，字之曰道。(二十五章)

> 道生一，一生二，二生三，三生萬物。(四十二章)

所謂「道」，並不是一個實體；但也不等於零。老子曾說：

道之為物，惟恍惟惚。惚兮恍兮，其中有象；恍兮惚兮，其中有物；窈兮冥兮，其中有精。其精甚真，其中有信。（二十一章）

視之不見名曰夷，聽之不聞名曰希，搏之不得名曰微。此三者不可致詰，故混而為一。其上不皦，其下不昧。繩繩不可名，復歸於無物。是謂無狀之狀，無物之象，是謂惚恍。（十四章）

正因為「道」是「無狀之狀，無物之象」，恍惚而實存的東西，所以能為天下之始，為萬物之母，並且用之不盡，取之不竭。如果有狀有象，則將和其他的具體事物一樣，終久會變化毀滅，那裏還能成為萬物之源呢？

「道」在創生萬物之後，便內存於萬物，衣養服育萬物。老子說：

大道氾兮，其可左右。萬物恃之而生而不辭，功成而不有，衣養萬物而不為主。（三十四章）

道生之，德畜之；長之育之；亭之毒之；養之覆之。（五十一章）

「道」創生萬物，內存於萬物之中，便叫做「德」。「德」是「道」的作用，也是「道」的顯現。所以「道」和「德」只有全與分的差異，而沒有本質上的分別。

「道」這樣不斷的創生萬物，長此以往，是不是會有竭盡的一天呢？答案是：不會的。因為萬物到最後還要通過「德」返回生命之源的「道」。萬物這種向生命本源回歸的作用，叫做「歸根」，也叫做「復命」。下面兩章就是這種作用的說明：

萬物並作，吾以觀復。夫物芸芸，各復歸其根。歸根曰靜，是謂復命。（十六章）

玄德深矣遠矣；與物反矣！然後乃至大順。（六十五章）

因為萬物要回歸於「道」，「道」才能應用無窮，而萬物也才能生生不已。實際上，萬物這種「歸根」「復命」的作用，原是效法「道」的規律，因為「道」本身的運動就是循環反復的。試看下面的兩段文字：

字之曰道，強為之名曰大。大曰逝，逝曰遠，遠曰反。（二十五章）

反者道之動。（四十章）

「道」的運動既是循環不已，宇宙萬物自然也就反復不休了。不過，「道」的運動，除了循環反復之外，還向相反的方向運動發展。換言之：「反者道之動」的「反」，除了循環反復之意外，還有相反對立的意思。試看：

有無相生，難易相成，長短相形，高下相傾，音聲相和，前後相隨。（二章）

這說明了宇宙間的事物，有正的一面，就有反的一面。並且這正反兩面，不是固定不移的，而是隨時變化的。所謂：

禍兮福之所倚，福兮禍之所伏。（五十八章）

正復為奇，善復為妖。（同上）

既然正反互變，禍福無常，那麼，人究竟應該如何自處呢？老子另外又提出了一個「道」的法則，那就是：

弱者道之用。（四十章）

正反固然互變，禍福固然無常；但在這變化無常的情況中，卻有一種永恆不變的法則，那就是一切強大的都要被淘汰，被摧毀。所謂：

堅則毀矣，銳則挫矣。《莊子‧天下》

物壯則老。（三十章）

強梁者不得其死。（四十二章）

堅強者死之徒。（七十六章）

反之，那些柔弱的反而能留存，能出頭。所謂：

曲則全，枉則直，窪則盈，敝則新，少則得，多則惑。（二十二章）

柔弱勝剛強。（三十六章）

柔弱者生之徒。（七十六章）

所以老子要我們處弱守柔，因為「守柔曰強」（五十二章）。守柔之所以能強，那是由於「道」以弱為用的關係。守柔就是遵守「道」以弱為用的法則，所以能強。

不過，「弱者道之用」的「弱」字，柔弱只是其狹義，它的廣義應該包括虛、靜、卑、下、曲、枉、窪、敝、少、雌、牝、賤、損、嗇、復、退等所有反面字的意思。而這些字，是《道德經》全書的骨幹。所以「弱者道之用」一語，可以說是老子人生哲學的基礎。

(二)哲學精神

老子哲學雖以「道」為基礎，但是他的哲學精神卻在「自然」二字。老子的人生論，固以自然為宗；他的宇宙論也以自然為法。如果說老子哲學是「自然哲學」，那恐怕是再恰當也不過了。

二十五章說：「人法地，地法天，天法道，道法自然。」「道」是老子哲學的基礎，是宇宙萬物創生的本源，所以人、地、天都要法「道」；但「道」並不是毫無規律，為所欲為的，它還必須要以「自然」為法。當然，我們不能說在「道」之上另有一個叫做自然的東西，為「道」所遵循，因為如此就混亂了老子哲學的體系。可是如果我們說「自然」是「道」的精神所在，是「道」所具有的一切特性（如虛、柔等）中最主要的部分，該不會有什麼不妥的吧。五十一章說：「道之尊，德之貴，夫莫之命而常自然。」「道」與「德」所以受到萬物的尊仰，就在於它們常因「自然」。由此看來，「道」與「德」的價值，就在於「自然」；若不以「自然」為歸，則「道」「德」即失去其價值了。

天地法「道」，實際就是法「自然」。二十三章說：「飄風不終朝，驟雨不終日。」飄風、驟雨是天地反常而不因「自然」的現象。既不因「自然」，當然不能維持常久。

至於為政者治政，老子也主張要依循「自然」。二十三章說：「希言自然。」所謂「希言」，就是「行不言之教」，也就是不設刑立禁的意思。為政者如能因任「自然」，不侵擾人民，「無狎其所居，無厭其所生」（七十二章），人民自然「樂推而不厭」（六十六章），結果是「功成，事遂，百姓皆謂：『我自然。』」（十七章）事實上，為政者的目的，就在「復眾人之所過。以輔萬物之自然」（六十四章）。自己如何能夠不依「自然」而行呢？

無論是人，是地，是天，是道，無不以「自然」為宗，所以我們說：「自然」是老子哲學的精神。

第一章　道可道非常道

道可道，非常道❶；名可名，非常名❷。無、名天地之始；有、名萬物之母❸。故常無，欲以觀其妙；常有，欲以觀其徼❹。此兩者❺，同出❻而異名，同謂之玄❼。玄之又玄❽，眾妙之門❾。

【注　釋】❶道可道非常道　第一個「道」字是名詞，指宇宙的本源，亦即創生天地萬物的總原理或原動力。《韓非子・解老》曰：「道者萬物之所然也。」又曰：「道者萬物之所以成也。」皆謂道是天地萬物的本源。第二個「道」字是動詞，講說的意思。常，謂恆久不變。常道，即永久不變之道。❷名可名非常名　第一個「名」字是名詞，指道的真相。第二個「名」字是動詞，稱謂的意思。蓋老子之道，無狀無象，是形而上的，故不可名。只是為了解說方便起見，不能沒有一個稱呼，所以勉強用一個「道」字來稱呼它。❸無名天地之始有名萬物之母　無、有，都是指的道。道，「視之不見名曰夷，聽之不聞名曰希，搏之不得名曰微」（十四章），並非具體的事物，所以可稱為「無」（此「無」不等於「零」）；但道又「有象」、「有物」、「有精」（二十一章），而能產生天地萬物，所以又可稱為「有」。析言之，「無」指「道之體」，「有」指「道之用」。「體」必先於「用」，所以「無」亦必先於「有」，四十章云：「天下萬物生於有，有生於無。」正說明了「無」、「有」二者的先後關係。本句以「無」名天地之始，以「有」名萬物之母，是則「天地」與「萬物」的先後關係，也不言可知了。又自王弼以來，古人多以「無名」、「有名」為讀，直至王安石才以「無」、「有」為讀。按名自形生，有形始有名，道既無形，如何有名？且既有名，如何能為萬物之母？今不取王注，而從荊公的斷法，以「無」、「有」為名詞，「名」為動詞。❹常無欲以觀其妙常有欲以觀其徼　妙，精微莫測的意思。徼，陸德明曰：「邊也。」引申有「廣大無際」的意思。「妙」形容道之體（無）；「徼」形容道之用（有）。這兩句的意思是：「常處於『無』，以觀照道體的奧妙莫測；常處於『有』，以觀照道用的廣大無際。」又這兩句古人多以「無欲」、「有欲」為句，而讀成「故常無欲，以觀其妙；常有欲，以觀其徼。」這樣的斷法，無論在文字上或意義上都說不通。就文字上說，與上文不能相貫，「故」字也沒有著落。就意義上說，老子固主張「無欲」，但卻決不贊成「有欲」。三章云：「不見可欲，使民心不亂。」十九章云：「見素抱樸，少私寡欲。」五十七章云：「我無欲而民自樸。」都是證明。老子既要人「無欲」、「寡欲」、「不見可欲」，怎麼會主張「有欲」「以觀其徼」？且既「有欲」，又如何能夠「觀其徼」？所以以「無欲」、「有欲」為句，完全不合老子思想。此處應承上文以「無」、「有」為句。《莊子．天下》云：「老聃聞其風而悅之，建之以常無有，主之以太一。」「常無有」，就是本章的「常無」、「常有」。❺兩者　指「無」與「有」。王弼以為指「始與母」，河上公以為指「有欲無欲」，似皆未得其旨。又前人多以「此兩者同」為句，但細觀文義，「同」字應與下文「出」字連讀，故不從。❻同出　是說同出於道。「無」、「有」名稱雖不同，但都是從道變化而出。❼同謂之玄　同，指「與」和「有」。玄，幽微深遠的意思，是形容「無」和「有」。「無」雖為「天地之始」，「有」雖為「萬物之母」，但「無」「有」本身只是抽象的概念，而非具體的事物，所以老子稱之為「玄」。前人多以為指道而言，恐非是。❽玄之又玄　是說幽微深遠到極點，指道而言。道是「無」和「有」所從出之處，「玄」既形容「無」和「有」，則「玄之又玄」當是指道而言。❾眾妙之門　指道。謂道為一切妙理與變化的門戶。「妙」即上文「欲以觀其妙」的「妙」，奧妙莫測的意思。

此處作名詞用。

【語　譯】「道」是不能解說的，可以解說的「道」，便不是永久不變的「道」；「名」是不能稱謂的，可以稱謂的「名」，便不是永久不變的「名」。「無」、是天地形成的本始；「有」、是萬物創生的根源。所以常處於「無」，以觀照道體的奧妙莫測；常處於「有」，以觀照道用的廣大無際。「無」和「有」名稱雖然不同，卻都是來自於道，都可以說是幽微深遠。幽微深遠到極點，那就是所有的道理和一切的變化的根本（道）了。

第二章　天下皆知美之為美

天下皆知美之為美，斯惡已。皆知善之為善，斯不善已❶。故有無相生❷，難易相成，長短相形❸，高下相傾，音聲❹相和，前後相隨。是以❺聖人❻處無為❼之事，行不言❽之教。萬物作焉而不辭❾，生而不有❿，為而不恃⓫，功成而不居⓬。夫唯⓭弗居，是以不去⓮。

【注釋】❶天下皆知美之為美斯惡已皆知善之為善斯不善已　道體無名，所以也無美醜善惡。迨至道體分裂，「樸散則為器」（二十八章），於是「始制有名」（三十二章）。既有「美」之名，「惡」（醜）之名則相對而生；既有「善」之名，「不善」（惡）之名則相伴而出。美醜善惡之名既有，天下必將求美而去醜，趨善而避惡，由是紛爭迭起而詐偽滋生。所以老子說：「天下皆知美之為美，斯惡已。皆知善之為善，斯不善已。」「已」猶「矣」，《文子・微明》引此文並作「矣」。❷有無相生　「有」「無」二字雖為相對詞，而實相互為用，相輔相成。故曰「相生」。下文「難易」、「長短」、「高下」、「音聲」、「前後」等詞，皆如此。❸形　顯的意思。王弼本原作「較」，畢沅曰：「古無『較』字，本文以『形』與『傾』為韻，不應作『較』。」劉師培曰：「《文子》云：『長短不相形。』《淮南子．齊俗訓》云：『修短相形。』疑《老子》本文作『形』，與『生』、『成』、『傾』韻，『較』乃後人旁注之字，以『較』釋『形』，校者因以『較』易『形』矣。」按畢、劉二氏之說可從，今據河上公本改。❹音聲　即音響。響是回聲。❺是以　後面的文字，陳鼓應疑是錯簡。陳柱以為自「萬物作焉而不辭」至章末，是由第五章錯來，應在「聖人不仁，以百姓為芻狗」句下。高亨以為「是以」以下八句與前八句「文意截然不相聯」，乃後人合為一章，並疑「是以」二字為後人所加。按「是以」以上的文字，是說相對之名產生以後，世俗之人都追求正面的，捨棄反面的；馳騖自認為好的，逃避自認為壞的，而陷於有為之境。「是以」以下的文字，是說獨有聖人能體合道本，順應自然，「處無為之事，行不言之教」；而使人復歸於樸。前後文對照寫來，一氣貫通；而前段開頭用「天下」，後段開頭用「聖人」，義尤顯然可見。所以「是以」以下的文字，並非錯簡，更非由第五章錯來；不信試把這段文字放到第五章去，一讀便知道格格不入了。至於「是以」二字用於「聖人」之前，《老子》中更是常見（有十九次之多），也決非後人所加。❻聖人　是道家最高的理想人物，他與道同體，純任自然。虛靜不爭，無為無欲。與儒家理想中有為有欲的聖人完全不同，兩者不可混為一談。張起鈞先生以為《老子》書中的聖人，皆指古代的聖王如堯舜等。亦有獨見。❼無為　是不恣意，不任己，一依自然而行的意思。無為並非不為事，只是如天地創生萬物，順乎萬物生生之自然而已。❽不言　按字面的解釋是「不說話」，但葉夢得謂：「號令教戒，無非言也。」所以它的真正的意思，應如葉氏所說，指「聲教法令」。和《論語．陽貨》「予欲無言」的「無言」，旨趣雖同而義小有別。「天何言哉，四時行焉，百物生焉。」（〈陽貨〉）聖人體合天道，效法自然，所以「行不言之教」。❾不辭　傅奕本、敦煌本、范應元本皆作「不為始」，畢沅曰：「古始辭聲同，以此致異。」按十七章王弼注：「大人在上，居無為之事，行不言之教，萬物作焉而不為始。」當引自本章。由此看來，王弼本原也作「不為始」。「不為始」，就是因應無為的意思。❿不有　不據為己有。⓫不恃　不恃其能。⓬不居　不居其功。⓭夫唯　猶「正因」。這是《老子》書中習用的詞語，下句的開頭通常用「是以」或「故」字來承接，用來肯定和一般人意思相反的說法。⓮不去　不泯滅；不朽。

【語　譯】天下人都知道美之所以為美，醜的觀念也因而產生。同時大家都求美去醜，由是紛爭迭起，結果反而不美了。天下人都知道善之所以為善，惡的觀念也因而產生。同時大家都趨善避惡，由是詐偽滋生，結果反而不善了。所以有和無相待而生，難和易相待而成，長和短相待而顯，高和下相待而傾倚，音和聲相待而和諧，前和後相待而成序。所有這些相對的觀念，都是由對待關係而產生，既產生之後，人們便都趨向於自認為好的，有利的；而逃避自認為壞的、有害的。於是人世間從此就擾攘不安了。獨有聖人能體合天道，順應自然，以「無為」的態度來處事，實行「不言」的教誨。任萬物自然生長，而因應無為不加以干預；生長萬物，而不據為己有；作育萬物，而不自恃其能；成就萬物，而不自居其功。正因為不自居其功，所以他的功績反而永垂不朽。

第三章　不尚賢

不尚賢❶，使民不爭❷；不貴難得之貨❸，使民不為盜；不見可欲，使民心不亂❹。是以聖人之治，虛其心❺，實其腹❻，弱其志❼，強其骨❽。常使民無知無欲❾。使夫智者不敢為❿也。為無為⓫，則無不治。

【注釋】❶尚賢　河上公曰：「賢，謂世俗之賢。辯口明文，離道行權，去質為文也。不尚者，不貴之以祿，不貴之以官。」釋憨山曰：「尚賢，好名也。名，爭之端也。」按：賢，指賢者。尚賢，崇尚賢人。春秋時已有尚賢之風，如《論語・子路》：「舉賢才。」《禮記・禮運》：「選賢與能。」故老子有反尚賢之言。❷不爭　河上公曰：「不爭功名，返自然也。」按「不爭」謂不爭賢名。名乃爭之端，若上不尚賢名，則民自然不爭。❸不貴難得之貨　難得之貨，指金銀珠寶之類。就是不重視財貨的意思。❹不見可欲使民心不亂　釋憨山曰：「所以好名好利者，因見名利之可欲也。……若在上者苟不見名利有可欲，則民各安其志，而心不亂矣。」按「見」與「現」同，顯現的意思。此句總上兩句而言。因可欲者不外名利，若在上位的人不顯現名利有可欲，則民心自然不亂。❺虛其心　釋憨山曰：「斷妄想思慮之心。」按即清淨人民心思，使之不能多生主張。❻實

其腹　使人民安飽，以免生巧偽。十二章曰：「是以聖人為腹不為目。」❼弱其志　志，即心志，是一切智力巧詐所產生之處，而智力巧詐是「聖人」治國的絆腳石（十八章云：「智慧出，有大偽。」六十五章云：「民之難治，以其智多。」是其證明）。所以老子主張「弱其志」。❽強其骨　強健人民的體軀。「骨」與上文「腹」皆指生理，「實腹」、「強骨」，在求聽任生理的自然生活（不受心志影響），以求達到如嬰兒、赤子般的純樸生活狀態。❾使民無知無欲　王弼曰：「守其真也。」按「使民無知無欲」，即使民「復歸於樸」（二十八章），復歸於渾沌的境地。❿智者不敢為　范應元曰：「巧智之人，不敢妄為也。」按「敢」猶「能」。⓫為無為　以「無為」為治。

【語　譯】 名位可以引起人的爭逐之心，財貨可以引起人的貪得之念。治國者若不崇尚賢名，可以使人民不生爭心；不重視難得的財貨，可以使人民不為竊盜；不顯現名利的可貪，可以使人民的心志不惑亂。所以聖人治政，淨化人民的心思，使他們不能多生主張；滿足人民的口腹，使他們沒有其他貪求；削弱人民的心志，使他們不生機智詭巧；堅強人民的體軀，使他們能夠努力工作。常使人民無知無識，無欲無念，處於純真渾沌的狀態。這樣，縱使有一些巧詐機變之徒，也不能有所作為了。在這樣的情況下，以「無為」的態度來治政，就沒有治理不好的事務了。

第四章　道冲而用之或不盈

道冲❶，而用之或不盈❷。淵兮似萬物之宗❸；挫其銳，解其紛，和其光，同其塵❹，湛兮似或存❺。吾不知誰之子❻，象❼帝❽之先。

【注釋】❶冲　同「沖」。「盅」的假借字。《說文》皿部曰：「盅，器虛也。从皿，中聲。《老子》曰：道盅而用之。」水部「沖」段注：「凡用沖虛字者，皆盅之假借。《老子》：道盅而用之。今本作沖是也。」又歷來各注家「沖」字皆連下文「而用之」為句，但細尋文意，「沖」乃形容「道」，而非形容「用」，所以當與「道」字為句。今據改斷。❷不盈　高亨以為「盈」當訓為「盡」。不盈，不盡的意思。「用之不盈」即六章的「用之不勤」，三十五章的「用之不可既」。❸淵兮似萬物之宗　釋憨山曰：「道體淵深寂寞，其實能發育萬物，而為萬物所歸依。但生而不有，為而不宰，故曰：『似萬物之宗。』」按道體深不可測，而能創生天地萬物，故曰：「淵兮似萬物之宗。」❹挫其銳解其紛和其光同其塵　謂收斂鋒芒，消解紛擾，隱藏光耀，混同塵俗。❺湛兮似或存　《說文》水部曰：「湛，沒也。」是「湛」即隱沒之意。道隱不顯，似沒而實存，所以說：「湛兮似或存。」又本章「似」、「或」二字，各出現兩次。釋憨山曰：「『或』、『似』皆不定之辭，老子恐人言語為實，不肯離言體道，故以此等疑辭以遣其執耳。」嚴復曰：「此章專形容道體，當翫兩『或』字與『似』字，方為得之。蓋道之為物，本無從形容也。」❻誰之子　謂從何而生。❼象　好似。❽帝　天帝。

【語　譯】道的本體是空虛的，但是道的作用卻沒有窮盡。它雖幽微淵深，卻能生化萬物，好像是萬物的宗主；它不露鋒芒，解除紛擾，隱藏光耀，混同塵俗。它雖隱沒無形，卻能創造萬有，似乎自古而存在。我不知道它是從那裏產生的，似乎在有天帝以前就有了它。

第五章　天地不仁

天地不仁❶，以萬物為芻狗❷；聖人不仁，以百姓為芻狗❸。天地之間，其猶橐籥❹乎！虛而不屈❺，動而愈出❻。多言數窮❼，不如守中❽。

【注釋】❶天地不仁　王弼曰：「天地任自然，無為無造，萬物自相治理，故不仁也。仁者必造立施化，有恩有為。造立施化，則物失其真；有恩有為，則物不具存。物不具存，則不足以備載矣。」蘇轍曰：「天地無私，而聽萬物之自然，故萬物自生自死。死非吾虐之，生非吾仁之也。」吳澄曰：「仁謂有心於愛之也，天地無心於愛物，而任其自生自成。」按「仁」，作仁愛解，引申有偏私的意思。「仁」是儒家思想的中心，是修養的最高境界；但在老子的思想體系中，「仁」字並未佔有重要的地位。他曾說：「失道而後德，失德而後仁」（三十八章），僅佔第三等而已。儒家言「仁」，本於天理，廓然大公；老子言「仁」，發諸人情，有為有私。老子思想的精神也在「公」字，不過表現這種大公精神的不是「仁」，而是「道」而已。天地生長萬物，一本於道，無親無私，而任物之自然，故曰：「天地不仁。」❷以萬物為芻狗　《莊子・天運》：「夫芻狗之未陳也，盛以篋衍，巾以文繡，尸視齋祭以將之。」成玄英疏：「謂結草為狗以解除也。」《釋文》：「李云：結草為狗，巫祝用之。」按「芻狗」就是用草紮成的狗，祭祀的時候盛飾奉上，用完以後就丟掉，毫不愛惜。天地對於萬物，也是如此，一視同仁，無愛無憎，任萬物之自然發展，以保全其本性。故曰：「以萬物為芻狗。」

❸聖人不仁以百姓為芻狗　是說聖人體天地之道而行，對於百姓，不妄作施化，無所偏愛，以順遂人民的天性。

❹橐籥　吳澄曰：「橐籥，治鐵所以吹風熾火之器也。為函以周罩於外者，橐也；為轄以鼓扇於內者，籥也。天地間猶橐籥者，橐象太虛，包函周徧之體；籥象元氣，絪縕流行之用。」按「橐籥」就是現今的風箱。風箱內容空虛，而能生風不已。天地之間，也是廓然空虛，而能包容萬物，生化萬物，無窮無盡，所以老子用橐籥來比喻它。❺不屈　不盡；不窮。❻愈出　謂生生不已。❼多言數窮　王弼曰：「愈為之則愈失之矣。」按「多言」的「言」，與二章「行不言之教」的「言」意同，指聲教法令，非僅限於言語。「多言」即有為，所以王弼用「為之」來解釋。「數」猶「速」。多言數窮，是說政令煩苛，則加速敗亡。❽守中　嚴靈峯先生曰：「『中』字疑係『沖』字之闕壞，失去『氵』旁，校者不察，遂改為『中』，蓋『守中』乃儒家之言，非老氏本旨。」按以「中」為「沖」，其說極是。但「中」字未必是「沖」字失去「氵」旁，而是「沖」的通假字，這和前章「道沖而用之」，《說文》引作「盅」字的情形相同。「盅」可通「沖」，「盅」字所從得聲的「中」字，當然也可以通「沖」了。

【語　譯】天地不偏不私，純任自然，把萬物看作芻狗一樣，任憑萬物自然生長，而不加以絲毫造作；聖人效法天地之道，把百姓看作芻狗一樣，任憑百姓自己發展，而不加以一點施化。天地之間，實在像一具風箱啊！內容空虛的無窮無盡，但創造萬物，則能生生不已。多所設施，反而招致敗亡，所以不如抱守清虛，無為無事。

第六章 谷神不死

谷神不死❶，是謂玄牝❷。玄牝之門❸，是謂天地根。緜緜若存❹，用之不勤❺。

【注釋】❶谷神不死　嚴復曰：「以其虛，故曰谷；以其因應無窮，故稱神；以其不屈愈出，故曰不死。三者皆道之德也。」按：「谷」，形容道的虛無寂靜；「神」，形容道的微妙莫測。三十九章曰：「神得一以寧，谷得一以盈。」是「谷」與「神」為二義，非為一詞，所以不可連讀。「不死」，形容道的永恆與不竭。❷玄牝　蘇轍曰：「牝生萬物，而謂之玄焉，言見其生之而不見其所以生也。」按道創萬物，無形可見，無迹可尋，故謂之「玄」。「牝」是象徵創生作用。「玄牝」，謂不可思議的創生力。道生天地萬物，其能力無窮無盡，其過程又無迹可尋，所以稱之為「玄牝」。❸玄牝之門　指道而言。谷、神、不死，三者皆道之德，猶是可名之物，所以不能算是「根」，只有具備這三種性質的「道」，才是「玄牝之門」，才是天地之根。❹緜緜若存　蘇轍曰：「緜緜，微而不絕也。若存，存而不可見也。」陳柱曰：「存而非存，故能不屈愈出，非存而存，故能萬物畢有，故曰若存。若存云者，非存非亡之謂也，若云是存，則有亡矣；若云是亡，則天地萬物何從而生？故曰若存也。」按道體至幽至微，永續不絕，所以說「緜緜若存」。❺用之不勤　高亨曰：「勤，盡也。」按道創生萬物，愈動愈出，無窮無竭，所以說「用之不勤」。

【語　譯】虛無而神妙的道，是永恆而不窮竭的。它能產生天地萬物，所以稱做「玄牝」，「玄牝」的門戶，就是天地的根源（道）了。它的體至幽至微，永存不絕；而它的作用，愈動愈出，無窮無盡。

第七章　天長地久

天長地久❶。天地所以能長且久者，以其不自生❷，故能長生❸。是以聖人後其身而身先❹，外其身而身存❺。非以其無私耶？故能成其私❻。

【注釋】❶天長地久　形容宇宙的無窮。❷不自生　王弼曰：「自生則與物爭，不自生則物歸也。」按「不自生」即七十五章的「無以生為」，謂不自營其生，亦即「無私」的意思。❸長生　長久，即上章「不死」的意思。❹後其身而身先　河上公曰：「先人而後己者也，天下敬之，先以為長。」此謂謙讓退藏，反而能得到眾人的愛戴。六十六章曰：「是以欲上民必以言下之，欲先民必以身後之，是以天下樂推而不厭。」❺外其身而身存　河上公曰：「薄己而厚人也。百姓愛之如父母神明，祐之若赤子，故身常存。」按「外其身」即不計較己身的利害得失，亦即「忘我」的意思。己身若能忘我而為人人，則人人亦必能忘其身而為我，所以說「外其身而身存」。二十二章曰：「曲則全，枉則直。」八十一章曰：「既以為人己愈有，既以與人己愈多。」皆此意。❻非以其無私耶故能成其私　王弼曰：「無私者，無為於身也。身先，身存，故曰能存其私也。」按此總上兩句而言。「無私」即無己、無我，承上文「後其身」、「外其身」而言。「成其私」，承上文「身先」、「身成」而言。

【語　譯】天地的生命永恆而無窮。天地所以能夠永恆而無窮，是因為它們無私的關係。因為無私，所以能夠永恆而無窮。聖人明白這個道理，所以處處謙讓退後，結果反而得到眾人的愛戴；事事不計較利害得失，捨己為人，結果反而身受其益。這不正是因為他不自私嗎？結果反而成就了他自己。

第八章　上善若水

上善❶若水，水善利萬物❷而不爭❸，處眾人之所惡❹，故幾於道❺。居善地❻，心善淵❼，與善仁❽，言善信❾，正善治❿，事善能，動善時⓫。夫唯不爭，故無尤。

【注　釋】❶上善　猶「上德」。❷利萬物　河上公曰：「水在天為霧露，在地為源泉也。」按水能滋養萬物，所以說「利萬物」。這是水的第一特性。❸不爭　水性柔弱，決之則流，壅之則止，所以說「不爭」。這是水的第二特性。❹處眾人之所惡　河上公曰：「眾人惡卑濕垢濁，水獨靜流居之也。」按水常流積於卑下之處，而「下流」正是眾人所厭惡的，所以說「處眾人之所惡」。這是水的第三特性。❺故幾於道　王弼曰：「道無水有，故曰幾也。」按：「幾」，近的意思。水有「利萬物」、「不爭」、「處眾人之所惡」三特性，所以近於道。不等於道的原因，是因為「道無水有」的關係。❻居善地　薛蕙曰：「行己不爭，避高處下，善地也。」按：「善地」，指卑下之地。此謂聖人立身處世，常能下人。❼心善淵　薛蕙曰：「藏心微妙，深不可測，善淵也。」按「淵」是深沉寂默的意思。此謂聖人居心寂默深沉，無欲無為。❽與善仁　薛蕙曰：「其施兼愛而無私，善仁也。」按：「施」，施與的意思。聖人施德，如水的滋養萬物，無我無私，而不望報，故曰「善仁」。十章曰：「生而不有，為而不恃，長而不宰。」即其義。❾言善信　薛蕙曰：「其言有徵而不爽，善信也。」按此謂聖人所云，皆至誠不妄之言。❿正善治　薛蕙曰：「治國則清靜自正，善治也。」按《論語・顏淵》：「政者，正也。」所以「正」就是治政的意思。「治」謂治績。此謂聖人治政，則能有至善的治績。五十七章曰：「我無為而民自化，我好靜而民自正，我無事而民自富，我無欲而民自樸。」就是聖人的「正善治」。⓫居善地七句　按此七句皆以水喻聖人「上善」。一、二句謂如水之「處眾人之所惡」，中四句謂如水之「利萬物」，末句謂如水之「不爭」。

【語譯】上善的人像水一樣。水能滋養萬物，不和萬物相爭，蓄居在大家所厭惡的卑下之處。有這些特性，所以水是很接近「道」了。上善的人處身退讓謙下，宅心寂默深沉，這像水的「處眾人之所惡」，博施而不望報，說話真誠不妄，為政能獲很好的成績，做事能有很好的效果，這像水的「利萬物」。行動則能掌握很好的時機，這像水的「不爭」。只因為他不和人相爭，所以沒有怨尤。

第九章　持而盈之不如其已

持而盈之，不如其已❶；揣而銳之，不可長保❷。金玉滿堂，莫之能守❸；富貴而驕，自遺其咎❹。功成身退❺，天之道❻。

【注釋】❶持而盈之不如其已　王弼曰：「持謂不失德也，既不失其德，又盈之，勢必傾危，故不如已者，謂乃更不如無德無功者也。」河上公曰：「盈，滿也。已，止也。持滿必傾，不如止也。」按：「持」，執持之意，「持而盈之」，謂自滿自驕。此以水為喻，謂執持盈滿，必將傾溢，喻人自滿自驕，必將失敗，故不如及早停止，以求安泰。十五章曰：「保此道者，不欲盈。夫唯不盈，故能蔽而新成。」可與此相發明。❷揣而銳之不可長保　王弼曰：「既揣末令尖，又銳之令利，勢必摧衂。」按《說文》手部曰：「揣，量也，一曰捶之。」此處解作「捶之」，打擊的意思。「揣而銳之」，謂顯露鋒芒。此以物為喻，謂捶擊過分銳利，必將折斷，喻人顯露鋒芒，必遭挫敗。又「銳」王弼本原作「梲」，而注文作「銳」，河上公本及其他古本皆作「銳」，故據王弼注文及河上公本改。❸金玉滿堂莫之能守　此承「持而盈之，不如其已」而言。❹富貴而驕自遺其咎　此承「揣而銳之，不可長保」而言。「自遺其咎」，就是自取其禍。❺功成身退　河上公曰：「言人所為，功成事立，名迹稱遂，不退身避位，則遇於害。此乃天之常道也。譬如日中則移，月滿則虧，物盛則衰，樂極則哀。」按

「身退」，非必「退身避位」，凡「不有」、「不恃」、「不居」皆是。❻天之道　自然之道。

【語　譯】自滿過分，不如適可而止；鋒芒太露，勢難保持長久。金玉滿堂，往往無法保守；富貴而驕，必定自速其禍。功成身退，始合自然之道。

第十章　載營魄抱一

載❶營魄❷抱一❸，能無離❹乎？專氣❺致柔，能嬰兒乎❻？滌除玄覽❼，能無疵乎？愛國治民，能無為❽乎？天門❾開闔❿，能為雌⓫乎？明白四達，能無知⓬乎？〔生之畜之，生而不有，為而不恃，長而不宰，是謂玄德〕⓭

【注釋】❶載　陸希聲曰：「猶夫也。發語之端也。」❷營魄　河上公曰：「營魄，魂魄也。」按《楚辭・遠遊》：「載營魄而登遐兮。」王注：「抱我靈魂而上升也。」《文選》陸機〈贈從兄詩〉：「營魄懷茲土，精爽若飛沉。」李注：「經護為營，形氣為魄，經護其形氣使之常存也。」❸抱一　「一」指道，二十二章曰：「是以聖人抱一為天下式」，三十九章曰：「昔之得一者」，「一」皆指道。「抱一」，守道之意。❹無離　不離於道。❺專氣　河上公曰：「專守精氣使不亂。」按「氣」指生理的本能，「專」是聽任的意思。「專氣」謂聽任生理本能的自然，而不加入心知的作用。「專氣致柔」正與「心使氣曰強」（五十五章）相反。❻能嬰兒乎　王弼曰：「能若嬰兒之無所欲，則物全而性得矣。」河上公曰：「能如嬰兒，內無思慮，外無政事，則精神不去也。」按老子常以嬰兒比喻渾沌純樸的境界，如二十章曰：「我獨泊兮其未兆，如嬰兒之未孩。」二十八章曰：「常德不離，復歸於嬰兒。」五十五章曰：「含德之厚，比於赤子。」本章亦然。❼玄覽　謂心體。河上公曰：「心居玄真之處，覽知萬事，故謂之玄覽也。」❽為　王弼本原作「知」，河上公本同，景龍碑本、林希逸本、焦竑本皆作「為」。細觀文義，作「為」較勝，故據改。❾天門　即《荀子・天論篇》所謂的「天官」，指耳目口鼻等感官。高亨曰：「耳為聲之門，目為色之門，口為飲食言語之門，鼻為臭之門，而皆天所賦予，故謂之天門也。」❿開闔　即啟閉，動靜。⓫為雌　「雌」喻柔弱安靜。「為」王弼本作「無」，河上公本同，傅奕本及其他古本皆作「為」。王弼注云：「言天門開闔，能為雌乎。」河上公注云：「治身當如雌牝，安靜柔弱。」是王弼本原作「為」，河上公本原亦不作「無」。作「無」義不可通，故據王注及傅奕本改。⓬無知　王弼本原作「無為」，河上公本及其他古本多作「無知」，前文謂「愛國治民，能無為乎」，此不當重出「無為」，故據河上公本改。⓭生之畜之生而不有為而不恃長而不宰是謂玄德　馬敘倫以為此數語與上文義不相應，當是五十一章錯簡。說頗可採，故據刪。注釋見五十一章注❾。

【語　譯】身心守道，能不離開道嗎？專任生理本能的自然以導致柔弱，能像嬰兒一樣的純樸嗎？滌除心知的作用，能毫無瑕疵嗎？愛民治國，能無為而為嗎？運用感官動靜語默之間，能致虛守靜嗎？真知炳耀廣照八極，能不用私智嗎？

第十一章

三十輻共一轂

三十輻❶，共一轂❷，當其無，有車之用❸。埏埴❹以為器，當其無，有器之用❺。鑿戶牖❻以為室，當其無，有室之用❼。故有之以為利，無之以為用❽。

【注釋】❶三十輻　河上公曰：「古者車三十輻，法月數也。」按「輻」是車輪中的直木，所以要用三十根，是取法於一月三十天之數。❷轂　車輪中心圓木，四周插輻，中空，以置車軸。❸當其無有車之用　河上公曰：「無謂空虛，轂中空虛，車得去行，轝中空虛，人能載其上也。」按「其」指轂，「無」指轂中空之處（非指「轝中空虛」）。因車轂中空以安插車軸，車始能發生作用。故曰：「當其無，有車之用。」若轂不空，車軸便無處安插，而車亦將不能發生作用。❹埏埴　謂揉合泥土。河上公曰：「埏，和也。埴，土也。」按《說文》有「挻」無「埏」，段注：「俗字作埏」，是「挻」為本字，「埏」是俗字。《荀子‧性惡篇》：「故陶人埏埴而為器，」楊注：「埏，擊也。埴，黏土也。」❺當其無有器之用　河上公曰：「器中空虛，故得有所承受。」❻戶牖　門窗。❼當其無有室之用　河上公曰：「言戶牖空虛，人得以出入觀視；室中空虛，人得以居住。」按「其」指室，「無」指室中空虛（非指「戶牖空虛」）。❽有之以為利無之以為用　王弼曰：「木、埴、壁所以成三者，而皆以無為用也。言無者，有之所以為利，皆賴無以為用也。」按：有，指車、器、室。無，指轂、器、室的中空之處。兩「之」字皆語中助詞，無義。於形而上的「道」，「無」為體，「有」為用；於形而下的「器」，「無」為本，「有」為末。「有」所以能利人，皆賴於「無」的發揮作用。一般人僅知「有」之利，而不知「無」之用，老子特發明此理，故曰：「有之以為利，無之以為用。」

【語　譯】三十根輻合共一轂，因為轂中間空虛，車才能產生乘載的作用。揉合陶土做成器具，因為器具中間空虛，才能產生盛物的作用。開鑿門窗造成房屋，因為房屋中間空虛，才能產生居住的作用。所以「有」能給人便利，而「無」卻發揮它的作用。

第十二章　五色令人目盲

五色❶令人目盲❷；五音❸令人耳聾❹；五味❺令人口爽❻；馳騁畋獵❼，令人心發狂❽；難得之貨❾，令人行妨❿。是以聖人為腹不為目⓫，故去彼取此⓬。

【注釋】❶五色　謂多種顏色。❷目盲　謂視覺遲鈍，視而不見。❸五音　謂多種音樂。❹耳聾　謂聽覺遲鈍，聽而不聞。❺五味　謂多種食物。❻口爽　王弼曰：「爽，差失也。失口之用，故謂之爽。」按「口爽」謂味覺遲鈍，食而不知其味。❼馳騁畋獵　「馳騁」是騎馬，「畋獵」是打獵，合言之即追逐鳥獸。「馳騁」的目的是「畋獵」，所以二者實是一事。古人以馳騁畋獵取樂，這裏用來代表極樂的事。❽心發狂　謂心不守舍。❾難得之貨　注釋見三章注❸。❿行妨　河上公曰：「妨，傷也。心貪意欲，不知厭足，則行傷身辱也。」按「行妨」謂行為頹墮敗傷。⓫為腹不為目　王弼曰：「為腹者，以物養己；為目者，以物役己。故聖人不為目也。」按：本句「目」字概括耳、口、心、行四者。「腹」與「目」相對，各有兩層意思。一：「腹」指樸質無欲的生活；「目」指巧詐多欲的生活。二：「腹」指內我；「目」指外物。⓬去彼取此　河上公曰：「去彼目之妄視，取此腹之養性。」按「去彼」指「不為目」，「取此」指「為腹」。人之欲望無窮無盡，若一朝去樸失真，貪得騖外，則永無滿足之時，終必至以身相殉。故老子修身則主「為腹」、「去目」，治人則主「實其腹」

(三章),「去目」所以求去知去欲,「為腹」所以求歸真返樸。

【語　譯】過分追求色彩的享受,最後必弄得視覺遲鈍,視而不見;過分追求聲音的享受,最後必弄得聽覺不靈,聽而不聞;過分追求味道的享受,最後必弄得味覺喪失,食而不知其味;過分縱情於騎馬打獵,追逐鳥獸,最後必弄得心神不寧,神不守舍;過分追求金銀珍寶,最後必弄得行傷德壞,身敗名裂。所以聖人的生活,但求飽腹不求享受。寧取質樸寧靜,而不取奢侈浮華。

第十三章 寵辱若驚

「寵辱若驚❶，貴大患若身❷」。何謂寵辱若驚？寵為上，辱為下❸，得之若驚，失之若驚，是謂寵辱若驚。何謂貴大患若身？吾所以有大患者，為吾有身❹，及吾無身，吾有何患❺？故貴以身為天下，若可寄天下；愛以身為天下，若可託天下❻。

【注釋】❶寵辱若驚　河上公曰：「身寵亦驚，身辱亦驚。」按本句與下句「貴大患若身」，應是古語（陳柱亦主此說，見《老子選注》），而非老子之言。蓋就老子思想言：老子主張「無欲」，故十九章曰：「少私寡欲」，五十七章曰：「我無欲而民自樸」。既主「無欲」，則必主寵辱兩忘，得失具滅，今謂「寵辱若驚」，下文又謂「得之若驚，失之若驚」，似不合其思想。老子又主張「無身」（即無私、無我之意），故本章曰：「及吾無身，吾有何患」，七章曰：「後其身」，「外其身」，「無私」。今謂「貴大患若身」，似亦不合其思想。再就本章文字言：全章可分為四段。首二句為第一段，乃老子所引古語。自「何謂寵辱若驚」至「是謂寵辱若驚」為第二段，乃解釋「寵辱若驚」之言。自「何謂貴大患若身」至「吾有何患」為第三段，乃解釋「貴大患若身」

之言。自「故貴」以下為第四段，乃老子為上文所作之結語。文義一貫，脈絡顯明。而第二與第三兩段，皆以「何謂」開端，二段又以「是謂」作結，此皆訓釋語氣。若「寵辱若驚，貴大患若身」二語為老子己語，則老子何必自說之而又自解之？又第四段「貴以身為天下」、「愛以身為天下」，乃老子無我、忘身之思想表現，與首二句「寵辱若驚，貴大患若身」之義，完全相背，若首二句為老子己語，則此處何以又否定之？凡此足證「寵辱若驚，貴大患若身」二句乃古語，而非老子之言。又按「若」字本章共用九次，高亨以為前五次當作「者」，張默生乃據之改前七「若」字為「者」字。河上公於下句「貴大患若身」下注曰：「若，至也」，裴學海解作「以」（《古書虛字集釋》），似都不妥。竊意以為本章九「若」字皆當訓「乃」。「若」與「乃」古聲皆屬泥紐，二字聲同，故可通用。「若可以寄天下」、「若可以託天下」，河上公本上一「若」字作「則」，下一「若」字作「乃」，《莊子・在宥》皆作「則」，《淮南子・道應訓》皆作「焉」。「則」、「焉」亦均有「乃」意。❷貴大患若身　河上公曰：「貴，畏也。若，至也。畏大患至身，故皆驚。」按「若」訓「乃」，前已言之。此句「身」字與上句「驚」字參互以見義，故為互備語。河上公釋上句曰：「身寵亦驚，身辱亦驚。」釋下句曰：「畏大患至身，故皆驚。」上句連言「身」，下句連言「驚」，是河上公已明此旨。其他注家因未明此二字之用，故皆未能釋清二句之意。王道解「貴大患若身」，顛倒作「貴身若大患」，離旨愈遠。❸寵為上辱為下　王弼本作「寵為下」，河上公本作「辱為下」，陳景元、李道純本作「寵為上，辱為下」。俞樾曰：「王本、河上本疑均奪誤，當從陳景元、李道純本。」按此二語乃解釋「寵辱若驚」之言，蓋世人皆以寵上辱下，得寵則尊，受辱則卑，因此得失皆驚。由此觀之，陳景元本、李道純本作「寵為上，辱為下」，義似較勝。王弼本作「寵為下」，義不可通；河上公本作「辱為下」，義則偏而不全，今據俞樾之說改。❹吾所以有大患者為吾有身　「有身」即有我。一切寵辱禍福，皆因有身而起，若能無身，則可以破一切相。又老子主張無身，並非否定人的生理的存在，只是反對以心知馭使之而已。❺及吾無身吾有何患　河上公曰：「使吾無有身體，得道自然，輕舉昇雲，出入無間，與道通神，當有何患？」按「及」猶「若」（見《古書虛字集釋》），河上公訓「及」為「使」，「使」亦

「若」意。❻貴以身為天下若可託天下　「貴」與「愛」意同，「寄」與「託」意同。所貴所愛非「身」，而是「以身為天下」，故可以天下寄託之。若愛身貴身，則不可以「寄天下」、「託天下」。

【語譯】世人得寵和受辱都因而身驚，畏懼大的禍患也因而身驚。為什麼得寵和受辱都身驚呢？因為在世人的心目中，寵上辱下，寵尊辱卑，得到光榮就覺得尊顯，受到恥辱就覺得丟人，因此得之也驚，失之也驚。為什麼畏懼大的禍患也身驚呢？那是因為我們常想到自己的關係，假使我們忘了自己，那還有什麼禍患呢？所以重視犧牲自己為天下服務的人，才可以把天下交給他；喜歡犧牲自己為天下服務的人，才可以把天下託給他。

第十四章　視之不見

視之不見名曰夷，聽之不聞名曰希，搏之不得名曰微❶。此三者不可致詰❷，故混而為一❸。其上不皦，其下不昧❹，繩繩❺不可名，復歸於無物❻。是謂無狀之狀，無物之象❼，是謂惚恍❽。迎之不見其首，隨之不見其後❾。執古之道，以御今之有❿。能知古始，是謂道紀⓫。

【注釋】❶視之不見名曰夷聽之不聞名曰希搏之不得名曰微　河上公曰：「無色曰夷，無聲曰希，無形曰微。」易順鼎曰：「『搏』乃『搏』字之誤。宋陳搏字希夷，即取此義。四十七章王注引證作『搏之不得』，尤可證。」按王弼本作「搏」，四十七章王注引亦作「搏」（《四庫》本）。《莊子・知北遊》：「終日視之而不見，聽之而不聞，搏之而不得也。」《釋文》曰：「搏之、音博。」《說文》手部曰：「搏，索持也。」段注：「謂摸索而執持之也。」《史記・主父偃傳》：「夫匈奴之性，獸聚而鳥獸，從之如搏影。」《漢書》作「搏景」，師古注：「搏人之陰景，言不可得也。」搏道之不可得，猶搏影之不可得。由是觀之，作「搏」不誤。「夷」、「希」、「微」三字皆形容道體的虛無。道體非形而下的「器」，它既無色，更無聲，又無形。無色，所以「視之不見」；無聲，所以「聽之不聞」；無形，所以「摶之不得」，總而言之，道為一切感官所皆不能把捉。❷此三者不可致詰　河上公曰：「三者謂夷、希、微也。不可致詰者，無色，無聲，無形，口不能言，書不能傳，當受之以靜，求之以神，不可詰問而得也。」按首章曰：「道可道，非常道。」「道」既不可道，故「不可致詰」，體道之方，唯在心領神悟而已。❸故混而為一　言夷、希、微三者混而為一。❹其上不皦其下不昧「皦」，光明。「昧」，昏昧。視之不可見，故曰「不皦」；然萬物由之而見，故曰「不昧」，「上」、「下」合指「道」的全體。❺繩繩　陸德明曰：「無涯際之貌。」王淮曰：「『繩繩』即『玄玄』。」按「玄玄」即首章的「玄之又玄」，形容道體的幽微深遠。❻復歸於無物　陳鼓應曰：「這和十六章『復歸其根』的意思相同。『復歸』即還原。『無物』不是一無所有，它是指不具任何形象的實存體。」❼無狀之狀無物之象　王弼曰：「欲言無耶，而物由以成；欲言有耶，而不見其形。故言『無狀之狀，無物之象』。」❽惚恍　王弼曰：「不可得而定也。」河上公曰：「若存若亡，不可見也。」按「惚恍」亦作「忽恍」。若有若無，不可辨認之意。道非有非無，亦虛亦實，故謂之「惚恍」。❾迎之不見其首隨之不見其後　嚴復曰：「見首見尾，必有窮之物。道與宇宙皆無窮也，何由見之?」❿執古之道以御今之有　執，把握。古之道，古來早已存在的道。以，猶「能」，與下句「能知古始」的「能」意同。御，控制。今之有，今日一切具體事物。⓫能知古始是謂道紀　河上公曰：「人能知上古本始有一，是謂知道綱紀也。」按：古始，即「古之道」。道紀，指道的規律。

【語　譯】道是看不見，聽不到，摸不著的。看不見叫做「夷」，聽不到叫做「希」，摸不到叫做「微」。因為道無色、無聲、無形，所以它的形象無法窮究，而它是混沌一體的。它既不光亮，也不昏暗，是那麼樣的幽微深遠，不可名狀，到最後還是返於「無物」。這就叫做沒有形狀的形狀，沒有物體的形象。這叫做惚恍狀態。想迎著它，看不見它的頭，想隨著它，又看不見它的尾。秉執著這亙古就已存在的道，就可以控馭現在的一切事物。能夠瞭解這亙古就存在的道，就知道「道」的規律了。

第十五章　古之善為道者

古之善為道者❶，微妙玄通❷，深不可識。夫唯不可識，故強為之容❸。豫兮❹若冬涉川❺，猶兮❻若畏四鄰❼，儼兮❽其若客❾，渙兮若冰之將釋❿，敦兮其若樸⓫，曠兮其若谷⓬，渾兮其若濁⓭。孰能濁以靜之徐清，孰能安以動之徐生⓮。保此道⓯者不欲盈⓰。夫唯不盈，故能蔽而新成⓱。

【注　釋】❶善為道者　「道」王弼本原作「士」，《後漢書・黨錮傳》引作「道」。馬敘倫曰：「諭文『道』字是也，今王本作『士』者，蓋六十八章之文。」高亨曰：「作『道』是也，六十五章曰：『古之善為道者，非以明民，將以愚之。』即其佐證。」按作「道」為是，傅奕本亦作「道」，今據傅本改。❷微妙玄通　王淮曰：「微妙，喻其體之無為；玄通，喻其用之無不為。微妙玄通，即本經四十八章所謂無為而無不為。」❸強為之容　強，謂勉強。容，謂形容描述之意。因「善為道者」，「深不可識」，故「強為之容」。若人人可識，則不必「為之容」，更不必「強為之容」。❹豫兮　兮，王弼本原作「焉」，河上公本作「兮」，《文子・上仁》引亦作「兮」。按下文各句皆作「兮」，是此句亦應作「兮」，今據河上公本改。豫兮，遲疑貌，引申有謹慎戒懼之意。❺若冬涉川　「冬涉川」喻戒慎恐懼之甚。此形容有道者猶豫畏縮，不敢妄進。❻猶兮　與「豫兮」義同。❼若畏四鄰　四鄰「十目所視，十手所指」，故可畏。此謂不敢妄為。❽儼兮　猶「儼然」，莊重貌。❾若客　謂若賓客的端莊木訥。客，王弼本原作「容」，河上公本、傅奕本及其他古本多作「客」，畢沅曰：「『客』與『釋』、『樸』等字為韻。」按作「客」為是，「容」字乃形誤，今據河上公本改。蔣勻田謂仍應作「容」，作包容解。可備一說。❿渙兮若冰之將釋　河上公曰：「渙者解散，釋者消亡。除情去欲，日以空虛。」按此謂有道之士的自損自蔽，無所作為。⓫敦兮其若樸　河上公曰：「敦者質厚，樸者形未分。內守精神，外無文采。」按：敦兮，誠厚貌。樸，未成器的素木。此謂有道之士的質實淳樸。⓬曠兮其若谷　「虛懷若谷」之意。此謂有道之士的謙下退藏。⓭渾兮其若濁　渾兮，混沌貌。濁，指濁水。此謂有道之士內雖昭昭，外則渾噩愚昧。⓮孰能濁以靜之徐清孰能安以動之徐生　王弼曰：「夫晦以理物則得明，濁以靜物則得清，安以動物則得生。此自然之道也。孰能者，言其難也。徐者，詳慎也。」吳澄曰：「濁者動之時也，動繼以靜，則徐徐而清矣；安者靜之時也，靜繼以動，則徐徐而生矣。安謂定靜，生謂活動，蓋惟濁故清，惟靜故動。」按王弼本下句「動」字上原有一「久」字，吳澄本無，《永樂大典》本亦無，依王弼注文，王本似亦無「久」字，今據吳澄本及王弼注文刪。上下句兩「以」字皆解作「而」。靜、動皆用作動詞。⓯此道　指「濁之徐明」、「動之徐生」之道。⓰不欲盈　不求自滿。⓱故能蔽而新成　王弼本原作「故能蔽不新成」，易順鼎曰：「疑當作『故能敝而新成』，作『蔽』者，『敝』之借字，『不』者，『而』之誤字也。」按易說有理，今據之改「不」作「而」。蔽而新成，即二十二章的「敝則新」，去舊更新之意。

【語　譯】古代的得道的人，微妙而通達，深遠到無法認識。正因為無法認識，所以要勉強的把他描述一下。他立身行事，猶豫畏縮，不敢妄進，就像冬天涉過大河一樣；謹慎戒懼，不敢亂作，就像怕四鄰窺伺一樣。他為人處事，莊重拘謹，就像作客人一樣。他修道進德，除情去欲，就好像冰的溶化一樣。他的本質，敦厚樸實，就像未經雕琢的素材一樣。他的胸懷寬廣，態度謙下，就像幽深的山谷一樣。他的表現，渾噩愚昧，不露鋒芒，就好像混濁的大水一樣。可是誰能在混濁動盪中安靜下來而慢慢的清明？誰能在安定虛靜中生動起來而慢慢的活潑？能夠把握這個道理的人，他是不肯自滿的。

正因為他不肯自滿，所以能去舊更新，心靈永遠保持著清明與活潑。

第十六章　致虛極

致虛極，守靜篤❶。萬物並作，吾以觀復❷。夫物芸芸❸，各復歸其根❹。歸根曰靜，是謂復命❺。復命曰常❻。知常曰明，不知常，妄作凶。知常容❼，容乃公❽，公乃全❾，全乃天❿，天乃道，道乃久。沒身⓫不殆⓬。

【注　釋】❶致虛極守靜篤　致虛，謂消除心知的作用，以使心空虛無知；守靜，謂去除欲念的煩擾，以使心安寧靜默。「極」與「篤」皆謂極端、頂點。人的心靈本虛靈靜默，但往往為私欲所蒙蔽，因而觀物不得其正，行事不得其常。所以必須「時時勤拂拭」，以恢復其原有的虛靜狀況。故曰：「致虛極，守靜篤。」❷萬物並作吾以觀復　作，指萬物的生長、活動。以，猶「能」。復，反的意思，虛是有之本，靜是動之根，故凡有必起於虛，動必生於靜，而最後必反於虛，必歸於靜，此即所謂的「復」，亦即宇宙萬物活動的共同規則。既已「致虛極，守靜篤」，則能看清楚這個法則（觀復）。故曰：「萬物並作，吾以觀復。」❸芸芸　繁盛眾多貌。❹歸其根　謂萬物由有復歸於虛，由動復歸於靜。根，指「虛」、「靜」，亦即指「道」。❺復命　復歸本性。命，即性。❻常　常道。指宇宙萬物由無而有，由有復歸於無的行動法則。❼容　王弼曰：「無所不包通也。」

❽公　公平。❾全　周徧之意。王弼本作「王」，注曰：「無所不周徧。」由注文可知王弼本原亦不作「王」。若作「王」，則無「周徧」之意。馬敘倫改作「周」，文義雖通，而與「天」字不叶。勞健謂「王」字乃「全」字之誤，其說頗為有理，因「全」既與「天」為韻，又合王注「周徧」之意。故據改。❿天　指自然。⓫沒身　終身。⓬殆　危險。

【語　譯】人的心靈本來是虛明寧靜的，但是私欲往往能使它蔽塞，所以我們要極力的做到「致虛」和「守靜」的工夫，以去知去欲。這樣萬物的生長、活動，我們都能看出他們由無到有，再由有反無的規則。萬物雖然繁複眾多，但最後還是要回復他們的根原。回復到根原就沉默寧靜，「靜」是他們的本性，所以回復根原又叫做「復命」。這是萬物變化的常規，所以「復命」叫做「常」。瞭解這個常道可以稱為明智。不瞭解這個常道而輕舉妄動，那就要產生禍害了。瞭解這個常道的人則無事不通，無所不包，無事不通、無所不包才能廓然大公，廓然大公才能做到無不周徧，無不周徧才能符合自然，符合自然才能符合於道，符合於道才能永垂不朽。如此，終身也不會有任何危險。

第十七章　太上不知有之

太上❶，不知有之❷；其次，親而譽之❸；其次，畏之❹；其次，侮之❺。信不足焉，有不信焉❻。悠兮❼其貴言❽。功成，事遂，百姓皆謂：「我自然❾。」

【注釋】❶太上　王弼曰：「太上，謂大人也。大人在上，故曰太上。」按：太上，猶言至上、最上，指最好的國君，也就是聖人。《左傳》襄公二十四年曰：「太上有立德」，注：「黃帝、堯、舜」，疏：「太上，謂人之最上者，上聖之人也。」❷不知有之　不，王弼本原作「下」，吳澄本、《永樂大典》本皆作「不」。按作「不」字義較勝，今據吳澄本改。之，指「太上」。此謂聖人在位，居無為之事，行不言之教，人民皆能順性而發展，而不知有君存在。❸其次親而譽之　「其次」，指次於「太上」的國君。此種國君不能以無為居事，不言為教，而導民以德，齊民以禮，以仁愛治民，天下感其仁，服其義，故親而譽之。❹其次畏之　王弼曰：「不復能以恩仁令物，而賴威權也。」按此等國君不能導民以德，齊民以禮，而只能導民以政，齊民以刑，以法治民，故人民莫不畏之。❺其次侮之　此等國君不能以法治民，以刑威民，而只能以權術愚民，以詐偽欺民。故人民不從其政令而反抗侮蔑之。❻信不足焉有不信焉　信，誠樸。謂「其次侮之」的國君本身誠信不足，故人民亦不信賴之。❼悠兮　悠閒貌。❽貴言　猶二十三章的「希言」，謂不隨便發號施令。❾百姓皆謂我自然河上公曰：「百姓不知君上之德淳厚，反以只自當然也。」按：百姓，指人民。「自然」，自己如此。此謂聖人不言無為，人民陰受其賜。及功成事遂，人民猶不知此為君上之賜，而皆曰：「我自己如此。」

【語　譯】最上等的國君治理天下，居無為之事，行不言之教，使人民各順其性，各安其生，所以人民都不知道有國君的存在。次一等的國君，以德教化民，以仁義治民，所以人民都親近他，讚譽他。再次一等的國君，以政教治民，以刑法威民，所以人民都畏懼他。最末一等的國君，以權術愚弄人民，以詭詐欺騙人民，所以人民都不服從他。這種國君本身誠信不足，人民當然不相信他。最上等的國君卻是悠閒無為，不輕易的發號施令，然而人民卻能夠各安其生，得到最大的益處。等到這個大功完成了，事情辦好了，而人民卻不曉得這是國君的功勞，反而都說：「我們原來就是這樣的。」

第十八章　大道廢

大道廢，有仁義❶；智慧出，有大偽❷；六親不和有孝慈，國家昏亂有忠臣❸。

【注釋】❶大道廢有仁義　釋憨山曰：「大道無心愛物，而物物各得其所。仁義則有心愛物，即有親疏區別之分，故曰：『大道廢，有仁義。』按大道與仁義之別，在於大道無為，仁義有為；大道自然，仁義造作。老子思想以自然無為為宗，迨不能自然無為，造作有為於是相繼產生。故曰：「大道廢，有仁義。」三十八章曰：「失道而後德，失德而後仁，失仁而後義。」正是此意。❷智慧出有大偽　釋憨山曰：「智慧，謂聖人治天下之智巧，即禮樂、權衡、斗斛、法令之事。然上古不識不知，而民自樸素。及乎中古，民情日鑿，而治天下者乃以智巧設法以治之。殊不知智巧一出，而民則因法作奸。故曰：『智慧出，有大偽。』」按：「智慧」王弼原作「慧智」，注曰：「故智慧出，則大偽生。」是王本原作「智慧」，後人傳寫誤倒作「慧智」。今據傅奕本、吳澄本改。「智慧」即詭巧。君以詭巧治民，民必相應而生詐偽，故曰：「智慧出，有大偽。」❸六親不和有孝慈國家昏亂有忠臣　「六親」，指父、子、兄、弟、夫、婦。家之所以有孝慈，乃由於六親不和；國之所以有忠臣，乃由於國家昏亂。若六親和愛，國家治平，孝慈與忠臣即無由產生。

【語　譯】大道廢棄以後，才產生仁義；智巧出現以後，才產生詐偽；家庭失和以後，才產生孝慈；國家昏亂以後，才產生忠臣。

第十九章 絕聖棄智

絕聖棄智❶，民利百倍；絕仁棄義，民復孝慈❷；絕巧棄利，盜賊無有❸。此三者❹以為文不足❺，故令有所屬❻。見素抱樸❼，少私寡欲。

【注釋】 ❶絕聖棄智 聖，指有才智的人。與「聖人」的「聖」不同。這一點，高亨解說的最為清楚。他說：「《老子》書稱聖人者凡三十許處，皆視為至高之人，而無詆訾之語，而此云『絕聖』者，非自相矛盾也。《說文》曰：『聖，通也。』是此聖字之義。《詩・凱風》曰：『母氏聖善』，聖與善並舉。又〈小宛〉曰：『人之齊聖』，齊聖並舉。《周禮・大司徒》曰：『六德知仁聖義中和』，聖與知仁義中和並舉。《逸周書・謚法解》曰：『溫柔聖善曰懿』，聖與溫柔善並舉。《大戴禮・四代》曰：『聖，知之華也；知，仁之實也；仁，信之器也；信，義之重也；義，利之本也。』聖與知仁信義並舉。《莊子・在宥》曰：『說仁邪，是亂於德也；說義邪，是悖於禮也；說理邪，是相與技也；說樂邪，是相與淫也；說聖邪，是相與藝也；說知邪，是相與疵也。』聖與仁義禮樂知並舉。《呂氏春秋・當務》曰：『妄意關內中藏，聖也；入先，勇也；出後，義也；知時，智也；分均，仁也。』聖與勇義智仁並舉。本章聖與智仁義巧利並舉，用意正同，則『絕聖』之聖，不同『聖人』之聖明矣。」❷絕仁棄義民復孝慈 仁義是大道廢棄以後的產品，是人造作出來的，並非出於人的天性。而仁義的作用，在責成孝慈，戕害人的孝慈天性。所以必須「絕仁棄義」，然後人才能恢復孝慈的本性。❸絕巧棄利盜賊無有　「巧」指機巧，「利」指財貨。若機巧生於內，財貨引於外，則人必定淪為盜賊。所以必絕去外在的「利」，內在的「巧」，然後才能使盜賊絕迹。❹此三者　指聖智、仁義、巧利。❺以為文不足　河上公曰：「以為文不足者，文不足以教民。」按：「文」是對下文「素」、「樸」而言，是人為的文（人文），並非出於「自然」的「道」，所以不足以治天下。❻屬　歸依；從屬。❼見素抱樸　「見」與「現」同。「素」是沒有染色的絲，「樸」是沒有雕琢的木，引申為純真之意。此謂外表顯現純真，內心保守質樸。

【語　譯】聖和智傷害自然，所以絕聖棄智，人民反而能得到百倍的益處。仁和義束縛天性，所以絕仁棄義，人民反而能恢復孝慈的天性。機巧和貨利，能使人產生盜心，所以棄絕了機巧和貨利，盜賊自然就絕迹。聖智、仁義、巧利三者，都是文彩，不足以治理天下。所以要棄絕這三者，而使人別有所屬；這便是外在表現純真，內在保持質樸，減少私心，降低欲望。

第二十章 絕學無憂

絕學無憂❶。唯之與阿❷，相去幾何？善之與惡❸，相去若何？人之所畏，不可不畏❹。荒兮❺其未央❻哉！眾人熙熙❼，如享太牢❽，如春登臺❾。我獨泊兮❿其未兆⓫，如嬰兒之未孩⓬。儽儽兮⓭若無所歸⓮。眾人皆有餘⓯，而我獨若遺⓰。我愚人之心⓱也哉，沌沌兮⓲！俗人昭昭⓳，我獨昏昏⓴。俗人察察㉑，我獨悶悶㉒。澹兮其若海，飂兮若無止㉓。眾人皆有以㉔，而我獨頑且鄙㉕。我獨異於人，而貴食母㉖。

【注　釋】❶絕學無憂　是說棄絕一切後天所學得的知識，則可以無憂愁煩惱。蓋「為學日益，為道日損」（四十八章），為學固能日益其智能，但欲望、機巧等亦同時因而增加，而欲望、機巧等正是一切憂愁煩惱的根源，這根源既然是由學而來，則絕學就可以如「嬰兒之未孩」（本章），而進入「沌沌」、「昏昏」、「悶悶」的不識不知、無憂愁、無煩惱的狀態。故曰：「絕學無憂。」❷唯之與阿　河上公曰：「同為對應，而相去幾何。疾時賤質而貴文。」成玄英曰：「唯，敬諾也。阿，慢應也。」按：「唯」與「阿」同為應聲，「唯」是恭敬的應聲，「阿」是侮慢的應聲。人恭敬應我，則我必以為榮，侮慢應我，則我必以為辱，所以「唯阿」引申有榮辱、貴賤之意。❸善之與惡　成玄英曰：「順意為善，違心為惡。」這是說世人所謂的善惡，都是主觀的，而不是客觀的；是相對的，而不是絕對的。這種主觀的、相對的榮辱貴賤，是非善惡的價值判斷，往往因時因地而異。甲地認為是的，乙地可能認為非；前代認為善的，後代可能以為惡。如此說來，美醜善惡之間究竟有何差別呢？所以說：「相去幾何」，「相去若何」。❹人之所畏不可不畏　王弼曰：「故人之所畏，吾亦畏焉，未敢恃之以為用也。」按此即「和光同塵」之意。❺荒兮　廣大貌。❻未央　無盡的意思。《廣雅．釋詁》：「央，盡也。」❼熙熙　和樂貌。❽太牢　指牛、羊、豕三牲。❾如春登臺　好像春天登臺遠眺。王弼曰：「眾人迷於美進，惑於榮利，欲進心競。」❿泊兮　淡泊，恬靜貌。⓫未兆　兆，朕兆；跡象。未兆，沒有一點朕兆。是說心胸廓然，無情無欲。⓬如嬰兒之未孩　孩，古文「咳」，嬰兒的笑（見《說文》口部）。是說心中廓然毫無情欲，好像還不能笑的嬰兒一樣。⓭儽儽兮　疲倦貌。一曰懶散貌。⓮若無所歸　王弼曰：「若無所宅。」是說毫無目的。⓯眾人皆有餘　王弼曰：「眾人無不有懷有志，盈溢心胸。」按此指眾人有餘，故自滿自驕。⓰而我獨若遺　奚侗曰：「遺，借作匱，不足之義。」謂己若不足，故謙下退藏。⓱愚人之心　王弼曰：「絕愚之人，心無所別析，意無所好欲，猶然其情不可睹，我頹然若此也。」按愚人之心，不識不知，無智無欲，一片淳樸渾沌，正是修養的最高境界。⓲沌沌兮　無知貌。⓳昭昭　王弼曰：「耀其光也。」按：昭昭，光明貌，與下文「昏昏」相對。⓴昏昏　昏暗貌。㉑察察　清明貌。㉒悶悶　混沌貌。㉓澹兮其若海飂兮若無止　王弼曰：「情不可睹，無所繫縶。」按：「澹兮」，恬靜貌。「飂兮」，飛揚貌。㉔以　能的意思。《老子》書中「以」多解作「能」。㉕頑且鄙　頑，愚鈍。鄙，鄙陋。且，王弼本作「似」，注曰：「頑且鄙也。」是王本原作「且」。傅奕本、鄧錡本皆作「且」。今據傅本及王弼注文改。㉖食母　王弼曰：「食母，生之本也。」河上公曰：「食，用也。母，道也。」按《禮記．內則》：「大夫之子有食母。」注曰：「食母，乳母也。」本章的「食母」指

「道」。食，養育的意思。「道」能生養萬物，故稱之為「食母」。

【語　譯】知識是一切憂愁煩惱的根源，棄絕一切知識，就不會再有憂愁煩惱。世人所謂的榮辱貴賤，究竟相差多少？所謂的是非善惡，又相去幾許？不過我也不能特立獨行，顯露鋒芒，遭人嫉妒。別人畏懼的，我也要畏懼，我要與人和光同塵。但是我的道是那麼廣大而無窮盡，和世俗相差太遠了。眾人是那麼樣的高興，好像吃豐富的酒席，又好像在春天登臺遠眺，唯有我淡泊恬靜，心中沒有一點情欲，好像還不會笑的嬰兒。又是那樣的懶散，好像無家可歸似的。眾人自滿自得，好像有用不完的才智能力，唯有我好像匱乏不足，我實在是愚人的心腸，是那麼樣的渾沌。世人都煊煊赫赫，唯有我昏昏默默。世人都清楚精明，唯有我渾渾噩噩。我恬淡寧靜，好像大海一樣，寂寥廣闊。我無繫無縶，好像大風一樣，沒有目的，沒有歸宿。世人都有能力，唯有我愚鈍而且鄙陋。世人都競逐浮華，崇尚文飾，唯有我與眾不同，單單的「見素抱樸」，抱守住人生的本源——生長萬物的「大道」。

第二十一章　孔德之容

孔❶德❷之容❸，惟道是從。道之為物，惟恍惟惚❹。惚兮恍兮，其中有象❺；恍兮惚兮，其中有物❻。窈兮冥兮❼，其中有精❽。其精甚真，其中有信❾。自古及今，其名不去❿，以閱⓫眾甫⓬。吾何以知眾甫之狀哉？以此⓭。

【注釋】❶孔　大。❷德　蘇轍曰：「道無形也，及其運而為德，則有容矣。故德者，道之見也。」按德是道的分化，是萬物所得於道的一體。形而上的道，落實到經驗界就是德。就其全者而言，則謂之道；就其分者而言，則謂之德。所以道與德只有全與分、體與用的分別，而沒有本質上的差異。這就是為什麼「孔德之容」，要「惟道是從」的原因了。孔德，即大德。❸容　表現之意。王弼釋為「動作」，高亨釋為「動」。「動作」、「動」都是「表現」的意思。❹惟恍惟惚　若有若無，不可辨認。與十四章「惚恍」同，參見十四章注❽。❺其中有象　象，形象。道雖恍惚無形，但宇宙萬物皆由其中產生，所以說「其中有象」。❻其中有物　與「其中有象」義同。物，指天地萬物。❼窈兮冥兮　深遠昏暗的意思。❽其中有精　精，朱晴園曰：「《管子・內業》：『精，氣之極也。精也者，氣之精也。凡人之生也，天出其精。』與此章『精』之意義相合。」按「精」即一切生命物質的原理與原質，是絕對真實而不空洞的東西。❾信　信驗；真實。❿自古及今其名不去　王弼曰：「至真之極，不可得名，無名則是其名也。自古及今，無不由此而成。」河上公曰：「自古及今，道常在不去也。」

⓫閱　閱歷。⓬眾甫　王弼曰：「萬物始也。」按：甫，始也。眾甫，就是萬物的起源。⓭此　指「道」。

【語　譯】道是德的本體，德是道的作用。大德的一切表現，是完全隨著道而轉移的。道這樣東西，說無又有，說實又虛，是恍恍惚惚的。可是在恍惚之中，它又具備了宇宙形象；在恍惚之中，它又涵蓋了天地萬物。它是那麼深遠而昏暗，可是其中卻具有一切生命物質的原理與原質。這原理與原質是非常真實的，也是確實可信的。從古到今，道一直存在，並且也一直在從事創造萬物的活動。我怎麼曉得萬物本源的情況呢？就是由於道。

第二十二章　曲則全

曲則全，枉則直，窪則盈，敝則新❶，少則得❷，多則惑❸。是以聖人抱一❹為天下式❺。不自見❻，故明；不自是❼，故彰；不自伐❽，故有功；不自矜❾，故長❿。古之所謂曲則全者⓫，豈虛言哉！誠全而歸之⓬。

【注　釋】❶曲則全枉則直窪則盈敝則新　曲、枉、窪、敝，都是屬於柔弱退讓的一面。全、直、盈、新，都是屬於剛強前進的一面。老子認為宇宙間一切事物，都在對立的情況中反復變化，永無靜止。在變化的過程中，所有堅強的東西，都要被摧毀，而柔弱的東西，反而能留存。這就是「曲枉窪敝」，所以能「全直盈新」的道理。❷少則得　少，就量言是不多，就質言是簡樸。「一」最少，「道」最簡，所以聖人抱「一」就可以為天下式。❸多則惑　十二章曰：「五色令人目盲，五音令人耳聾，五味令人口爽。」就是「多則惑」的意思。❹抱一　一，喻道。三十九章王弼注曰：「一，數之始」「一」為數之始，「道」為物之根，故以「一」喻「道」。抱一，就是守道。❺式　法則。❻自見　「見」與「現」同。自見，即自我表現。❼自是　自以為是。❽自伐　自誇其功。❾自矜　自恃其能。❿長　久。二十四章曰：「自見者不明，自是者不彰，自伐者無功，自矜者不長。」文意與此相成。⓫古之所謂曲則全者　「曲則全」總括「枉則直」等數語。既曰「古之所謂」，則此數語非老子之語可知。⑫誠全而歸之　誠，實在的意思。全而歸之，《禮記・祭義》：「父母全而生之，子全而歸之，可謂孝矣；不虧其體，不辱其身，可謂全矣。」疏：「不虧其體，不辱其身，可謂全矣者，非直體全，又須善名得全也。」按：全，保持的意思。歸，歸向的意思。這句是說實在應保守著它（曲則全）而以為歸趨。和《禮記》的意思小異。

【語　譯】委屈反而可以保全，彎曲反而可以伸直，低下反而可以得益，破舊反而可以生新，少了反而可以得到，多了反而弄得迷惑。所以聖人緊守著「道」作為天下的模範。不自我表現，反而顯明；不自以為是，反而昭著；不自誇自伐，反而見功；不自恃自負，反而長久。正因為不和人爭，所以全天下沒有人能和他爭。古時候所謂「曲則全」這些話，難道是假的？實在應該保守著它而以之為歸趨啊！

第二十三章　希言自然

希言❶自然。故飄風❷不終朝，驟雨不終日。孰為此者？天地。天地尚不能久，而況於人乎？故從事於道者，同於道❸；德者，同於德；失❹者，同於失。同於道者，道亦樂得之；同於德者，德亦樂得之；同於失者，失亦樂得之。信不足焉，有不信焉❺。

【注釋】❶希言　釋憨山曰：「希，少也。希言，猶寡言也。」按四十一章曰：「大音希聲，大象無形」，「希聲」猶「無聲」，所以「希言」猶「無言」，與二章「行不言之教」的「不言」意同。「言」，指聲教法令。❷飄風　暴風；疾風。與下句的「驟雨」同喻暴政。❸故從事於道者同於道　王弼本「同於道」上原疊「道者」二字，句作「從事於道者，道者同於道」。俞樾曰：「下『道者』二字衍文也。本作『從事於道者同於道』。其下『德者』、『失者』蒙上『從事』之文而省，猶云：『從事於道者同於道，從事於德者同於德，從事於失者同於失也』。《淮南子．道應訓》引《老子》曰：『從事於道者同於道』，可見古本不疊『道者』二字。」按俞說極是，今據刪。❹失　指失道、失德。也就是不道、不德的意思。上二句「從事於道者同於道，德者同於德」，承前文「希言自然」，此句「失者同於失」，承前文「飄風」、「驟雨」。❺信不足焉有不信焉　見十七章注❻。

【語　譯】為政清靜無為，才合於自然。所以暴風颳不了一全天，急雨下不了一整日。誰造成這種情形的呢？是天地。天地造成的暴風急雨尚且不能夠維持長久，何況人造成的苛刑虐政呢？所以從事於道的就得到道；從事於德的就得到德；從事於不道不德的，就得到不道不德。得到道的，道也樂於得到他；得到德的，德也樂於得到他；得到不道不德的，不道不德也樂於得到他。為政者的誠信不足，人民自然不信任他。

第二十四章 企者不立

企❶者不立，跨❷者不行。自見者不明，自是者不彰，自伐者無功，自矜者不長❸。其於道也，曰：餘食贅行❹。物❺或惡之，故有道者不處。

【注釋】❶企 與「跂」同，舉踵而立的意思。❷跨 闊步而行的意思。按企欲其高，跨欲其速，然皆過分求進，反乖自然，故「企者不立，跨者不行」。❸自見者不明自是者不彰自伐者無功自矜者不長 「自見」、「自是」、「自伐」、「自矜」，都是自我炫耀，好勝爭強的表現，與老子所主張的退藏隱默之道相異其趣，故其終必至「不明」、「不彰」、「無功」、「不長」。二十二章曰：「不自見故明，不自是故彰，不自伐故有功，不自矜故長」，文意與此相成。❹餘食贅行 指棄餘之食，附贅之形。吳澄曰：「或曰行，讀如形，古字通用。司馬氏曰：『棄餘之食，適使人惡；附贅之形，適使人醜。』」王道曰：「行，當作形。贅形，形之附贅者，駢拇之類。」按王弼注以「肬贅」為釋，可證「贅行」即「贅形」之意。❺物 指人。

【語譯】墊起腳尖想要高過別人的，反而站不穩；張大步伐想要快過別人的，反而走不動。自我表現的，反而不顯明；自以為是的，反而不昭著；自誇自伐的，反而不見功；自矜自負的，反而不長久。

這些自我炫耀，好勝爭強的表現，以道的觀點來看，都是些剩飯贅瘤，不僅無益，抑且有害，令人厭惡。所以有道之士，是不會這樣做的。

第二十五章　有物混成

有物❶混成❷，先天地生。寂兮寥兮❸，獨立而不改❹，周行而不殆❺，可以為天下母。吾不知其名，字之曰道，強為之名曰大❻。大曰逝❼，逝曰遠❽，遠曰反❾。故道大，天大，地大，人亦大❿。域中有四大，而人居其一焉。人法地，地法天，天法道，道法自然⓫。

【注釋】❶物　指道，道本無名，所以暫用一個「物」字來稱它。❷混成　王弼曰：「混然不可得而知，而萬物由之以成，故曰混成。」河上公曰：「謂道無形，混沌而成。」按道先天地而生，不知其所自來，故曰「混成」。❸寂兮寥兮　謂無聲無形。河上公曰：「寂者，無聲音；寥者，空無形。」❹獨立而不改　王弼曰：「無物之匹，故曰獨立也；返化始終不失其常，故曰不改也。」按「獨立」謂唯一存在。道生萬物，永遠不止，永恆不變，故曰：「獨立而不改。」又按王弼本原無「而」字，河上公本及其他古本皆有，今據河上公及其他古本補。❺周行而不殆　謂道體運行無所不至，且永無止息。殆，通「怠」，止息的意思。上句形容道體的絕對與永恆；此句形容道用的廣大與無窮。❻強為之名曰大　名，形容的意思，與十五章「強為之容」的「容」字意同。道本無形狀，所以說「強為之名」。「大」，高而無上，羅而無外，無不包容的意思。❼大曰逝　「曰」，猶「則」、「乃」。下二句「逝曰遠，遠曰反」中二「曰」字與此同解。「逝」，王弼曰：「行也。」❽遠　窮極的意思，道體流行無所不至，故曰「遠」。❾反　猶「復」。即十六章的「歸根」、「復命」。謂道無往而不復。❿人亦大　「人」原作「王」，傅奕本、范應元本皆作「人」。范應元曰：「『人』字傅奕本同古本，河上公作『王』。……然按後文『人法地』，則古本文義相貫。況人為萬物之靈，與天地並立而為三才，身任斯道，則人實亦大矣。」按《說文》大部曰：「天大，地大，人亦大。」是許氏所見古本作「人亦大」。再證以下文「人法地，地法天，天法道」，可知作「人」為是。下句「而王居其一焉」，「王」字一併應作「人」，今據傅奕本改。⓫道法自然　吳澄曰：「道之所以大，以其自然，故曰『法自然』。非道之外別有自然也。」張起鈞先生曰：「『道』是無人格無意志的，它沒有主觀的企圖，或任何的偏好。而道之所以發生主宰的作用，完全是順應自然，聽任萬物之自化而已。所謂自然，便正指的是這種自然而然，聽任自化的情形；並不是在道之上別有一個叫做『自然』的東西，而為『道』所遵從效法。」按「道」為宇宙萬物的本源，「自然」是「道」的性質，並不是另有一個高過「道」的東西叫做「自然」。

【語　譯】有一個混然而成的東西，在天地還沒有創生之前就形成了。它既無聲音，也無形體，但卻獨立於萬物之上而恆久不變，運行於宇宙之中而永不止息。它創造天地萬物，可以說是天地萬物的根源。我不知道它的名字，姑且叫它作「道」。勉強的描述它的形狀，可說廣大無邊，廣大無邊則流行不止，流行不止則傳之久遠，傳之久遠則又「歸根」、「復命」，反回寂寥虛無。所以說：道大，天大，地大，人也大。宇宙之中有四大，而人居其一。人效法地的無私載，地效法天的無私覆，天效法道的「衣養萬物而不為主」，道則完全出乎本性的自然。

第二十六章　重為輕根

重為輕根，靜為躁君❶。是以聖人終日行不離輜重❷，雖有榮觀❸，燕處超然❹。奈何萬乘之主，而以身輕天下❺？輕則失根❻，躁則失君。

【注　釋】❶重為輕根靜為躁君　王弼曰：「凡物輕不能載重，小不能鎮大，不行者使行，不動者使動。是以重必為輕根，靜必為躁君。」按「重」、「靜」為本為常，「輕」、「躁」為末為變。且「重」能克「輕」，「靜」能勝「躁」。修道之士，執本處常，捨末去變，持重以克輕，守靜以勝躁。❷行不離輜重　行，行走，與下文「處」相對為辭。輜重，載衣物糧食的車子，以其累重，所以稱「輜重」。❸榮觀　華美豐富的物質享受。❹燕處超然　謂安適而居，超然物欲之外。❺以身輕天下　吳澄曰：「謂以其身輕動於天下也。」按萬乘之主，一身繫天下之安危，當持「重」守「靜」，以為天下主；若身行輕躁，就不足以任天下了。❻根　王弼本原作「本」，河上公本作「臣」。俞樾曰：「王作『本』，河上公作『臣』，均誤。《永樂大典》作『根』，當從之。此首曰『重為輕根，靜為躁君。』故終之曰：『輕則失根，躁則失君。』」按俞說極是，今據改。

【語　譯】穩重是輕浮的根本，清靜是躁動的主帥。所以聖人整天的行走卻不離開輜重，雖有華美豐富的物質享受，卻泰然處之，不為其所拘囿。一個萬乘之國的君主，怎麼可以輕浮躁動以治天下呢？輕浮就不能穩重，躁動就不能清靜。

第二十七章　善行無轍迹

善行❶無轍迹❷，善言❸無瑕讁❹，善數❺不用籌策❻，善閉❼無關楗❽而不可開，善結❾無繩約❿而不可解。是以聖人常善救人，故無棄人；常善救物，故無棄物。是謂襲明⓫。故善人者，不善人之師；不善人者，善人之資⓬。不貴其師，不愛其資，雖智大迷⓭。是謂要妙⓮。

【注釋】❶善行　行之善者莫過於「無為」，故「善行」即指「無為」。王弼曰：「順自然而行，不造不始。」❷轍迹　轍，是車輪所輾的痕迹。轍迹，猶痕迹。❸善言　言之善者莫過於「不言」，故「善言」即指「不言」。王弼曰：「順物之性，不別不析。」❹瑕讁　「讁」與「謫」同，過錯的意思。瑕讁，謂錯誤。❺善數　謂「無智」、「無執」。❻籌策　「籌」與「策」皆古時計數之具。❼善閉　謂「見素抱樸」。❽關楗　關閉門戶的橫豎兩木。《說文》門部曰：「關，以木橫持門戶也。」木部曰：「楗，距門也。」范應元曰：「橫曰關，豎曰楗。」❾善結　謂「致虛」、「守沖」。❿繩約　即繩索。⓫襲明　十六章及五十五章皆曰：「知常曰明」，襲，承襲保有的意思。襲明，猶之襲德，謂得道之意。⓬資　借鏡。⓭雖智大迷　王弼曰：「雖有其智，自任其智，不因物於其道必失，故曰：『雖智大迷。』」
⑭要妙 精微玄妙。

【語　譯】善於處事的人，能順自然而行，所以不留一點痕迹。善於說話的人，能夠沉默寡言，所以沒有一點過失。善於計算的人，應世接物，「無心」，「無智」，所以能不用籌策。善於籠絡羣眾的人，推誠相與，所以即使不用門戶來拘限，羣眾也不會背離。善於結納人心的人，謙沖自牧，所以即使不用繩索來綑縛，別人也不會離去。因此，體道的聖人，能夠時時教化人民，使人盡其才，所以沒有遺棄的人；能夠時時珍惜萬物，使物盡其用，所以沒有遺棄的物。這就叫做「襲明」。所以善人是不善人的老師，可以教化不善人遷善向上；不善人是善人的借鏡，可以警惕善人不墮落陷溺。如果不善人不尊重善人，善人不珍惜不善人，雖然自以為聰明，其實還是大大的胡塗。這個道理，真是精微玄奧。

第二十八章　知其雄守其雌

知其雄，守其雌❶，為天下谿❷。為天下谿，常德❸不離，復歸於嬰兒❹。知其白，（守其黑，為天下式。為天下式，常德不忒，復歸於無極。知其榮）❺，守其辱❻，為天下谷。為天下谷，常德乃足，復歸於樸❼。樸散則為器❽，聖人用之❾，則為官長❿。故大制⓫不割。

【注　釋】❶知其雄守其雌　王弼曰：「雄，先之屬；雌，後之屬也。知為天下之先也必後也，是以聖人後其身而身先也。」按雄尊而雌卑，雄剛而雌柔，雄動而雌靜，知雄守雌，即知尊守卑，知剛守柔，知動守靜，也就是知用守體。❷谿　與「溪」同，山澗。與下文「為天下谷」的「谷」字，同喻虛空卑下。❸常德　經久不變之德。常道、常名、常德，都是老子的常用詞語。❹嬰兒　喻純樸自然。❺守其黑為天下式為天下式常德不忒復歸於無極知其榮　此二十三字易順鼎、馬敘倫、高亨皆以為是後人所加，今舉高亨之說曰：「廿三字後人所加也。請列六證以明之：《老子》本以雌對雄，以辱對白。……四十一章曰：『大白若辱』，亦白辱相對，即其明驗。此以白對黑，決非《老子》舊文，其證一也。榮辱《老子》作寵辱，十三章曰：『寵辱若驚』，即其明驗。則此以榮對辱，決非《老子》舊文，其證二也。『為天下谿，為天下谷』，谿谷同義，間以『為天下式』句，則與谿谷不類，其證三也。『復歸於嬰兒，復歸於樸』，意旨相同。人性未漓為嬰兒，木質未散為樸，間以『復歸於無極』句，則與嬰兒及樸不類，其證四也。《淮南子・道應訓》引《老子》曰：『知其雄，守其雌，為天下谿』，又引《老子》曰：『知其榮，守其辱，為天下谷』，而未引『知其白，守其黑，為天下式』句，蓋淮南所見本無此句也。……其證五也。《莊子・天下》引老聃曰：『知其雄，守其雌，為天下谿；知其白，守其辱，為天下谷』，其文雖有裁省，而莊子所見本無『守其黑』廿三字，尤為確的，其證六也。」其說既詳且精，「守其黑」等廿三字實應刪去。今據刪。❻知其白守其辱　「白」謂清白光明，「辱」謂污損暗昧。「白」謂昭昭察察，「辱」謂昏昏悶悶。❼樸　見十九章注❼。❽器　有形之具，指萬物。❾之　指樸。❿官長　謂百官之長。⓫大制　蔣錫昌曰：「大制，猶云大治。」

【語譯】知道剛強的雄，而寧願處於柔弱的雌，如此，可以作為天下的谿壑，使眾流歸注。能作為天下的谿壑，常德就不會散失，而復歸於嬰兒狀態的自然。知道光明的好處，而寧願處於暗昧，如此，可以作為天下的山谷，容納天下的污垢。能作為天下的山谷，常德就永遠充足，而歸於純樸的狀態。真樸的道分散則成為萬物，聖人體驗到道的純樸，遂成為百官之長。所以完善的政治是順自然而行，無為而治，而不是設施造作，支離割裂的。

第二十九章　將欲取天下而為之

將欲取❶天下而為之❷，吾見其不得已❸。天下神器❹，不可為也，不可執也❺。為者敗之，執者失之。故❻物❼或行或隨，或歔或吹❽，或強或羸，或載或隳❾。是以聖人去甚，去奢，去泰❿。

【注釋】❶取　治的意思。四十八章曰：「取天下常以無事，及其有事，不足以取天下。」五十七章曰：「以無事取天下。」取，皆訓治。❷為之　「為」，作為。「之」，指天下。下文「為者敗之，執者失之」二「之」字與此同解。❸不得已　「不得」謂不可能。「已」，猶「也」。是句末語助詞。按聖人之治天下，皆順其自然。無為而化，如天地生長萬物，而不逞私造作。今欲以「有為」治之，故老子以此為「不可能」。❹神器　神聖貴重的器物。王弼曰：「神，無形無方也。器，合成也。無形以合，故謂之神器也。」❺不可執也　王弼本原無此句，劉師培曰：「王注：『萬物以自然為性，故可因而不可為也，可通而不可執也。物有常性而造為之，故必敗也；物有往來而執之，故必失矣。』按據王注觀之，則本文『不可為也』下，當有『不可執也』一語。《文子》引《老子》曰：『天下，大器也，不可執也，不可為也；為者敗之，執者失之。』」按劉氏之說極是，今據之增補。執，固執己見。❻故　句首語助詞，猶「夫」。《老子》書中「故」字作「夫」字解，除此章外，三十八章「故失道而後德，失德而後仁」、三十九章「故貴以賤為本，高以下為基」、五十六章「故不可得而親，不可得而疏」「故」皆解作「夫」。❼物　指人，與二十四章「物或惡之」的「物」字意同。❽或歔或吹　河上公曰：「呴，溫也。吹，寒也。」按吐氣使溫曰歔，使寒曰吹。❾或載或隳　河上公曰：「載，安也。隳，危也。」按乘車曰「載」，故可引申為「安」，落車曰「隳」（與墜同），故可引申為「危」。又按「載」王弼本原作「挫」，義不可通，今據河上公本及多種古本改。❿去甚去奢去泰　甚、奢、泰都是過分的意思。去甚，去奢，去泰，所以求其廓然大公，順自然而行。

【語　譯】治天下應該本乎無為。想要以有為治理天下，我知道那是辦不到的。天下是個很神妙的東西，治理它不能有為，不能固執。有為，必定敗亂天下；固執，必定失掉天下。人的禀性情狀各有不同，有的積極，有的消極；有的歔寒，有的吹暖；有的剛強，有的羸弱；有的安寧，有的危殆。因此聖人治理天下，順人情，依物勢，以自然無為為治，而去除一切極端的過分的措施。

第三十章　以道佐人主者

以道佐人主者，不以兵強天下。其事好還❶。師之所處，荊棘生焉。大軍之後，必有凶年。善者❷果❸而已，不敢以取強。果而勿矜，果而勿伐，果而勿驕。果而不得已，果而勿強。物壯❹則老，是謂不道❺。不道早已❻。

【注　釋】❶其事好還　謂用兵一事極易還旋報復。李嘉謀曰：「殺人之父，人亦殺其父，殺人之兄，人亦殺其兄，是謂好還。」❷者　王弼本作「有」，注曰：「言善用師者趣以濟難而已矣。」是王弼本原亦作「者」，河上公本及其他各本多作「者」，今依河上公本及王弼注文改。❸果　效果、目的。王弼解作「濟」，司馬光解作「成」，皆有「效果」之意。❹壯　強的意思。❺不道　不合於道。道主柔弱。強壯必趨於老死，故不合於道。❻已　止息；死亡。

【語　譯】用道來輔佐國君的人，是不用兵力來逞強於天下的。因為以兵力服人，很容易引起報復。軍隊所到之處，耕稼廢弛，遍地荊棘。大戰過後，水旱蟲疫並生，一定會產生荒年。所以善於用兵的，只求以兵力達到目的就算了，卻不敢用來逞強黷武。只求達到目的，就不會自負，就不會誇耀，就不會驕傲。只求達到目的，就知道用兵是出於不得已，就不會逞強。萬事萬物，一到強大盛壯的時候，便開始趨於衰敗。所以黷武逞強，是不合於道的。不合於道的事，如飄風驟雨，很快就會消逝。

第三十一章　夫佳兵者不祥之器

夫佳❶兵者不祥之器，物或惡之，故有道者不處❷。君子居則貴左，用兵則貴右❸。兵者不祥之器，非君子之器，不得已而用之，恬淡❹為上。勝而不美❺，而美之者，是樂殺人。夫樂殺人者，則不可得志於天下矣。吉事尚左，凶事尚右。偏將軍居左，上將軍居右。言以喪禮處之❻。殺人之眾，以悲哀泣❼之，戰勝以喪禮處之❽。

【注　釋】❶佳　王念孫曰：「『佳』，當作『隹』，字之誤也。『隹』，古『唯』字也。『唯兵為不祥之器，故有道者不處。』上言『夫唯』，下言『故』，文義相承也。」（《讀書雜志．志餘》上）盧文弨駁之曰：「或曰：『佳』乃『唯』字之文脫耳。『唯』古文作『隹』，古譌為『佳』也。曰：是不然。《老子》之凡云『夫唯』者眾，其語勢皆不若是也。今一一而數之曰：『夫唯不居，是以不去。』曰：『夫唯不爭，故無尤。』曰：『夫唯不盈，故能敝不新成。』曰：『夫唯不爭，故天下莫能與之爭。』曰：『夫唯道，善貸且成。』曰：『夫唯嗇，是謂早服。』（按七十章曰：『夫唯無知，是以不我知。』盧氏漏錄。）曰：『夫唯病病，是以不病。』曰：『夫唯不厭，是以不厭。』曰：『夫唯無以生為者，是賢於貴生。』凡九見（按應作十見）矣。今曰：『夫唯兵者，不祥之器。』類乎？不類乎？……若云『佳』為古文『唯』字，豈九處皆從今文，而此一字獨為古文乎？」（《抱經堂文集》）按從《老子》用字的慣例來看，盧文弨的說法非常有理。傅奕本作「美兵者不祥之器」。《史記・扁鵲倉公列傳》引作「美好者不祥之器」。「佳」與「美」意同。是此字當仍應作「佳」。❷物或惡之故有道者不處　馬敍倫曰：「此十字乃因二十四章錯簡而複出者。成於此二句無疏，是成無此文。石田羊一郎以此二句為衍文。」❸君子居則貴左用兵則貴右　左陽而右陰，陽生而陰殺，所以君子平居以左為大，用兵則以右為大，是因為用兵主殺的關係。又這二句也是衍文，當刪。❹恬淡　心平氣和。❺美　誇耀驕傲。❻言以喪禮處之　此句以「言」字發端，完全為注釋語氣，足證是注文混入。❼泣　高亨以為當作「立」，極是。古「立」，「莅」通用，《史記・范雎傳》：「明主立政」，《索隱》曰：「《戰國策》立作莅」。此處「立」字應作「莅」字解。❽本章有很多注文混入正文，使得文句錯亂，文義不明。王淮以為自章首「夫佳兵者」至「用兵則貴右」五句，及自「吉事尚左」至章末「戰勝以喪禮處之」八句皆為衍文，應全部刪去。茲抄錄其刪定後的文句如下，以供參考：「兵者不祥之器，不得已而用之。恬淡為上。勝而不美，而美之者，是樂殺人。夫樂殺人者，則不可以得志於天下矣。」

【語譯】銳利的兵器是不祥的東西，人人都厭惡它，所以有道的人就不使用。君子平常以左方為大，到用兵的時候，則以右方為大，這就是因為用兵要殺生是凶事的關係。兵器是不祥的東西，君子心地仁慈，厭惡殺生，所以兵器不是他們所使用的東西。如果實在萬不得已要使用它，也要心平氣和，只求達到目的就算了。戰勝了也不可以自認為了不起，如果自認為了不起，就是嗜愛殺人，嗜愛殺人的人，人人厭惡，一定沒有辦法治理天下的。吉慶的事情都以左方為大，凶喪的事情都以右方為大。用兵時偏將軍在左方，上將軍在右方，這是把用兵一事當作喪事來看待。殺人多了，要以悲哀的心情來蒞臨，即使打了勝仗，也要以喪禮來處置。

第三十二章　道常無名

道常無名❶，樸❷，雖小❸，天下莫能臣也。侯王若能守之❹，萬物將自賓❺。天地相合，以降甘露，民莫之❻令而自均。始制有名❼，名亦既有，夫亦將知止，知止所❽以不殆。譬道之在天下，猶川谷之與❾江海。

【注釋】❶道常無名　王弼曰：「道無形不繫，常不可名，以無名為常，故曰道常無名也。」按首章曰：「道可道，非常道；名可名，非常名。」老子的道是常道，其體虛無，所以無名。❷樸　是未經雕鑿的原木，這裏是用來形容道體的，所以可解釋作樸質自然。「道常無名樸」五個字，通常有兩種斷句法：一是「道常無名樸」五字為一句，一是至「名」字斷句，將「樸」屬下讀，而成「道常無名，樸雖小」。這兩種斷法都有不妥。因為下文說：「始制有名」，正與這句「道常無名」相應，如這句斷自「樸」字，則不僅意不順暢，與下文「始制有名」也不能相應。高亨根據三十七章「無名之樸」，而懷疑「名」字下脫一「之」字，不知「無名之樸」，重心在「樸」字，「道常無名」，重心在「道」字，且「無名之樸」就是指的道，今如在「名」字下加一「之」字，而成「道常無名之樸」，則文字既佶屈難讀，意義也含混不清。所以第一種斷法不可從。本章全章在說一個「道」字，所以「無名」、「樸」、「雖小」都是形容「道」的。如將「樸」字屬下讀，則「樸」成為全章的重心，而「道常無名」一句反成多餘了。所以第二種斷法也不可從。本文將「道常無名樸」五字分成兩句，並非要標新立異，而是為了求文義顯露。❸小　四十一章曰：「道隱無名」，「小」是形容道的隱微。《禮記‧中庸》曰：「君子之道，費而隱。語大，天下莫能載焉；語小，天下莫能破焉。」「小」即指「隱」。❹之　指「道」。❺自賓　「賓」謂服從，「自賓」謂自動服從。❻之　指「甘露」。❼始制有名　「制」同「製」，創造的意思。這句是說萬物開始創生遂有名稱。❽所　王弼本作「可」，河上公本及其他古本皆作「所」。王弼注曰：「故知止所以不殆。」是王弼本原也作「所」。今據河上公本及王弼注文改。❾與　王弼本作「於」，河上公本作「與」，《御覽》六五九引此文亦作「與」。王弼注曰：「猶川谷之與江海也。」是王弼本原也作「與」。今據河上公本及王弼注文改。

【語　譯】道體虛無，是永遠沒有名稱的，是永遠質樸的，它雖然隱微，可是天下卻沒有一個人能輕視它、指使它。侯王如果能守住它，萬物都將自動的歸服。天地的陰陽之氣相合，就降下了甘露，人們不需要指使它，它就會很均勻。道也是如此。道創造了萬物，萬物就有了名稱。名稱有了後，紛爭也就跟著產生，所以要知道適可而止，知道適可而止，就不會產生危險了。道對於天下人來說，就好像江海對於川谷一樣。江海是百川的歸宿，道也是天下人的歸趨。

第三十三章　知人者智

知人者智，自知者明❶。勝人者有力，自勝者強❷。知足❸者富，強行❹者有志。不失其所者久，死而不亡❺者壽。

【注釋】❶知人者智自知者明　老子極端重視「明」，十六章曰：「知常曰明」，五十二章曰：「見小曰明」，「復歸其明」；而極端排斥「智」，十九章曰：「絕聖棄智，民利百倍」，六十五章曰：「故以智治國，國之賊。」「智」與「明」的區分極微，「智」是外射的，「明」是內照的。換言之，「智」所以觀人，「明」所以省己。嚴復謂：「智如燭，明如鑑」，可謂妙喻。觀人僅須具備知人的能力即可，省己更須蠲情去欲，克己除私，所以「自知」比「知人」尤難。而能蠲情去欲，克己除私，則能「歸根」、「復命」而幾於道，這就是老子之所以極端重視「明」而排斥「智」的道理。❷強　是五十二章「守柔曰強」的「強」，而不是七十六章「堅強者死之徒」的「強」。人皆有私有欲，「自勝」即在去私去欲，但去私去欲，不能用力，而必須用「虛」用「靜」，這「虛」與「靜」正是柔的表現，所以本句的「強」字是「守柔曰強」的「強」。❸知足者富　此指財貨而言（老子於道，則常虛其心若不足），因人欲深谿壑，雖日進千萬，亦難厭足；反之，若淡泊寡欲，則簞食瓢飲，樂在其中，故老子教人「知足」，則綽然富裕。❹強行　王弼曰：「勤能（按「能」與「而」通用）

行之。」按四十一章「勤而行之」王弼注：「有志也」是「強行」即「勤而行之」之意。❺死而不亡　與《左傳》襄公二十四年的「死而不朽」意同。「不亡」，是不亡其所以生之德，所以生之道。

【語　譯】能夠瞭解別人長短善惡的，可稱聰慧；能夠認識自己良知本性的，可稱清明。能夠戰勝別人的，可謂有力；能夠克服自己的，可謂堅強。能夠知足而淡泊財貨的，便算富裕；能夠勤行大道而恆久不息的，便算有志。常處於道而不離失，便能長久；身雖死而道猶存，便是長壽。

第三十四章　大道氾兮

大道氾❶兮，其❷可左右。萬物恃之而生而不辭❸，功成而不有❹，衣養❺萬物而不為主。常無欲❻，可名於小；萬物歸焉而不為主，可名為大。以其終不自為大，故能成其大。

【注　釋】❶氾　謂氾濫流行。❷其　指道。❸不辭　當作「不為始」，說見第二章注❾。❹功成而不有　王弼本原作「功成不名有」，易順鼎曰：「《文選・辨命論》注引『功成而不有，愛養萬物不為主』，按下文又連引王注，則所引為王本無疑矣。今王本『功成不名有』，當作『功成而不有』，『名』字衍。」馬敍倫曰：「參校各本，知《老子》本文作『功成而不有』，『名』、『有』二字形近，『有』譌為『名』，校者以他本作『有』，旁注『名』字下，傳寫譌入經文。」按二章、十章及五十一章皆有「不有」一詞，是「不有」二字，是《老子》的習用語。本章作「不名有」，義不可通，今從易、馬二氏之說刪去「名」字。❺衣養　河上公本作「愛養」，傅奕本、《永樂大典》本作「衣被」。按「衣養」、「愛養」、「衣被」，詞雖異而義無別。❻常無欲　高亨曰：「『欲』字疑衍，『常無』者，謂道之本體固為無也。唯其常無，故可名為小。增一『欲』字，則不可通矣。」按其說極是。道體隱微虛無，故下句謂「可名於小」，而其作用無遠弗屆，故下句又謂「可名於大」。

【語譯】大道流行氾濫，可左可右，無遠弗屆，無所不至。萬物都靠著它而生長，它卻不加以干預；它成就了萬物，卻不居其功；養育萬物，卻不主宰萬物。道體隱微虛無，所以可說它很渺小；但其用無窮，作育萬物，使萬物歸附而不知其所由，所以可說它很偉大。正因為它不自認為偉大，所以能夠成就它的偉大。

第三十五章 執大象

執❶大象❷，天下往。往而不害，安❸平太❹。樂與餌❺，過客止。道之出口，淡乎其無味，視之不足見，聽之不足聞，用之不足既❻。

【注釋】❶執　秉守。❷大象　「象」以喻道，十四章曰：「無物之象」，二十一章曰：「其中有象」，皆是。「大象」，即大道。❸安　王引之曰：「安，猶於是也，乃也，則也。」（見《經傳釋詞》）。❹平太　即太平，倒文所以叶韻。❺樂與餌　謂音樂與美味。樂有聲，餌有味，二者皆可誘人。以反喻道之「無味」、「不足見」、「不足聞」。❻既　已；盡。

【語譯】一國的君主治理國政，若能秉守著大道，行不言之教，處無為之事，天下人都將歸從他。歸從他而受不到一點侵擾，那麼天下就太平康樂了。悅耳的音樂，爽口的美味，能夠引得過路的人止步；而道顯現出來卻是淡而無味，它沒有形體，看也看不到；沒有聲音，聽也聽不到，可是卻取之不竭，用之不盡。所以有施有為，就如音樂與美味，只能滿足人的耳目口腹之欲；而清靜無為，雖無形迹，卻能使人長適久安。

第三十六章　將欲歙之

將欲歙❶之，必固❷張之。將欲弱之，必固強之。將欲廢之，必固舉❸之。將欲奪之，必固與之。是謂微明❹。柔弱勝剛強。魚不可脫於淵❺，國之利器❻不可以示❼人。

【注　釋】❶歙　《說文》曰：「縮鼻也」，是「歙」有收縮之意。河上公本作「噏」，《釋文》本作「㒆」，《韓非子》引作「翕」。皆與「歙」音同通用。❷固　猶「定」。馬敘倫以為當讀「姑且」之「姑」，誤。❸舉　王弼本及各本皆作「興」。高亨曰：「『興』當作『舉』，形近而譌。……此文『張』、『強』為韻，『舉』、『與』為韻。」按高說甚是，今據改。❹微明　河上公曰：「其道微，其效明。」按：「微」，隱微。「明」，顯明。謂消息盈虛之數，其機雖極隱微，而其理則極明顯。❺魚不可脫於淵　《韓非子・內儲說下》曰：「勢重者，人主之淵也；臣者，勢重之魚也。魚失於淵，而不可復得也；人主失其勢重於臣，而不可復收也。」按「淵」是魚生存之本，以喻謙下、柔弱為人主治國之本。韓非以勢重喻淵，以臣喻魚，似未得其旨。❻利器　河上公曰：「利器，權道也。治國者，不可以示執事之臣也。」按五十七章曰：「朝多利器。」河上公曰：「利器者，權也。」河上公釋利器為權，似較韓非釋為賞罰為長（〈內儲說下〉）。❼示　炫耀。

【語　譯】物極必反，勢強必弱，這是自然的現象，不易的道理。明瞭這個道理，而加以運用，那麼，就無往而不利了。所以對任何事物，將要收縮它，必定先使它擴張；將要削弱它，必定先使它堅強；將要廢棄它，必定先興舉它；將要奪取它，必定先給與它。這種道理，看似隱微，其實很明顯，那只是柔弱勝剛強罷了。淵是魚生存的根本，魚不能離開淵，離開淵必定乾死。權謀是治國的利器，不可炫示於人，若炫示於人，則必國滅身亡。

第三十七章　道常無為

道常無為而無不為❶，侯王❷若能守之，萬物將自化❸。化而欲作❹，吾將鎮❺之以無名之樸❻。（無名之樸❼）夫❽亦將無欲。不欲以❾靜，天下將自定。

【注　釋】❶道常無為而無不為　道體虛靜，順應自然而為化，故曰：「無為。」然萬物恃之而生，因之而成，故又曰：「無不為。」「無為」是就道的作用方式而言，「無不為」則是就道的作用效果而言。❷侯王　指執政者。❸自化　順本性發展。❹欲作　私欲萌生。❺鎮　遏止。❻無名之樸　錢穆先生曰：「樸者非實非虛，而為實之本質者也。實可名，實之本質不可名，故曰：『無名之樸。』」按：「樸」是道的本質，道既無名（三十二章曰：「道常無名」），所以樸也無名。❼無名之樸　羅振玉曰：「據《釋文》，王本似無此句。」易順鼎曰：「《釋文》大書『吾將鎮之以無名之樸，夫亦將無欲』十四字，則今本重『無名之樸』四字，乃涉上文而衍。」按羅、易二氏之說極是，重此四字，文意阻隔難通。應據二氏之說刪去。❽夫　指萬物。❾以　猶而。

【語　譯】道體順應自然，不造不設，好像是無所作為；但是萬物都由道而生，恃道而長，所以實際上是無所不為。治理國家的人如果能守著它，也以無為為用，萬物都將各遂其性的自生自長。但萬物在生長繁衍的過程中，難免產生欲心邪念，而破壞社會的自然秩序，那時候，我將用道的本質「無名之樸」來克服破除這種現象。至其沒有欲念邪心，而且沉靜不亂，那麼，天下自然就會安定。

第三十八章　上德不德

上德不德❶，是以有德；下德不失德❷，是以無德。上德無為而無以為❸；下德無為而有以為❹。上仁為之而無以為❺；上義為之而有以為❻。上禮為之而莫之應，則攘臂而扔之❼。故失道而後德，失德而後仁，失仁而後義，失義而後禮，夫禮者忠信之薄❽，而亂之首❾。前識者❿，道之華⓫，而愚之始⓬。是以大丈夫⓭處其厚⓮，不居其薄⓯，處其實⓰，不居其華⓱。故去彼取此⓲。

【注釋】❶上德不德　上德，指上德的國君，下文「下德」、「上仁」、「上義」、「上禮」皆仿此。不德，謂體道而行，因循自然，無心求德。❷下德不失德　謂下德之君，有心求德。❸上德無為而無以為　無為，謂無所施為，指表現而言。無以為，謂無所為而為，指居心而言。❹下德無為而有以為　「無為」王弼本原作「為之」，馬其昶以為應作「無為」，其文曰：「『無為』舊作『為之』，誤同『上義』句，傅本又誤同『上仁』句。注家強為之說，皆非是，今為正之。德有上下，其無為一也。以其不失德，故雖無為之中，而仍有以為也。」按「無為」是「上德」與「下德」的相同之處，「無以為」與「有以為」是二者的相異之處。「上德」無心於德，故「無為而無以為」；「下德」有心於德，故「無為而有以為」。王弼本作「為之而有以為」，則文與「上義」句相同，而「下德」造詣反不如「上仁」，與「上義」之間也無從軒輊，由此看來，原文一定有誤。今從馬氏之說改。❺上仁為之而無以為　仁者安仁，誠身而行，雖有造作施為，但皆不免而中，不思而得，純任天理，毫無私心。所以是「為之而無以為」。❻上義為之而有以為　義者，宜也，行其當行，為所當為，謂之為宜；但當與不當，必審乎己，如此說來，上義在行為之先，已有求德之心，所以是「為之而有以為」。❼攘臂而扔之　攘臂，舉臂。扔，引。謂伸手引人使之就於禮。❽夫禮者忠信之薄　忠信，猶誠樸，與儒家的忠信有別。薄，衰薄。言禮飾偽文虛，遠真離道，而忠信（誠樸）日以衰薄。❾亂之首　「首」訓始。謂詐偽禍亂日漸滋生。❿前識者　指先知先覺。前文言「禮」，此處言「智」。⓫華　對「實」而言，猶表、末。⓬愚之始　先知先覺者，任智取巧、違離道本，實愚昧的本源。⓭大丈夫　謂得道者，與孟子口中的大丈夫有別。⓮厚　指「忠信」。⓯薄　指「禮」。⓰實　指「道」。⓱華　指「先識」。⓲故去彼取此　「彼」指「薄」「華」，「此」指「厚」「實」。

【語　譯】上德的人，一切依道而行，無心求德，所以反而有德；下德的人，有心求德，所以反而沒有德。上德的人，依順自然，無所作為，也無心作為；下德的人，雖依順自然，表現無為，但卻有心作為。上仁的人，誠身而行，雖有作為，但皆發於愛心，無所為而為；上義的人，凡事計較曲直是非，一切作為，都是有所為而為。上禮的人造作各種禮儀節度並身體力行，若得不到回應，便伸出手臂來，引人來強行。所以道失去了而後才有德，德失去了而後才有仁，仁失去了而後才有義，義失去了而後才有禮。由德到禮，愈演愈失其真，愈來離道愈遠。禮是人性由誠厚趨於澆薄的表現，社會由平靜趨於混亂的開始。而先知先覺的智者，任智取巧，棄樸失真，違離道本，是大道的末流，愚昧的本源。所以大丈夫立身處世以忠信為主，而不重視禮節；以守道為務，而不任用智巧。所以捨棄澆薄浮華，而取用敦厚質實。

第三十九章　昔之得一者

昔之得一❶者，天得一以清，地得一以寧，神得一以靈，谷❷得一以盈，萬物得一以生，侯王得一以為天下貞❸。其致之❹。天無以清將恐裂，地無以寧將恐發❺，神無以靈將恐歇❻，谷無以盈將恐竭，萬物無以生將恐滅，侯王無以貴高將恐蹶❼。故❽貴以賤為本，高以下為基。是以侯王自謂孤、寡、不穀❾，此非以賤為本邪？非歟❿？故至譽無譽⓫。不欲琭琭如玉，珞珞如石⓬。

【注釋】❶一　王弼曰：「一，數之始而物之極也。」按「一」是萬數之始，「道」是萬物之宗，故以萬數之始的「一」，以喻萬物之宗的「道」（參見二十二章注❹）。❷谷　河川。❸貞　正。表率、準則的意思。「貞」字王念孫以為應作「正」（見《讀書雜志・志餘上》）。按韓康伯《易注》、王弼《易略例》、《晉書・裴楷傳》、孫盛《老子疑問反訊》引此句皆作「貞」，是「貞」為本字，作「正」，蓋避廟諱。❹其致之　嚴靈峯先生曰：「致，至也，招致也。言天、地、神、谷、萬物、侯王六者，所以招致清、寧、靈、盈、生、貞者，皆由於得一之道而至也。」按此三字應從馬敍倫說，為古注混入正文。❺發　劉師培曰：「『發』讀為『廢』。……『恐發』者，猶言將崩圮也，即地傾之義。『發』為『廢』之省形。」按此字當作「廢」，各本作「發」，是「廢」的通段字。❻歇　消失。❼蹶　顛仆，指失位。❽故　發語詞，與「夫」同。❾不穀　不善。「孤」、「寡」、「不穀」，都是王侯的謙稱。❿《戰國策·齊策》引此段文字曰：「老子曰：雖貴必以賤為本，雖高必以下為基。是以侯王稱孤寡不穀，是其賤之本與非？」⓫故至譽無譽　王弼本原作「故致數輿無輿」，范應元曰：「譽，稱美也，王弼同古本。陳碧虛云：『依古本作譽。』」高延第曰：「『至譽無譽』，河上公本作『致數車無車』，王弼本、《淮南子·道應訓》作「致數輿無輿」，各為曲說，與本文誼不相附。陸氏《釋文》出『譽』字，注：『毀譽也』，是原本作『譽』。由『譽』譌為『輿』，由『輿』譌為『車』。後人反謂《釋文》為誤，非也。」高亨曰：「作『譽』是也。『數』字衍，當刪。致，讀為『至』，古字通用。」按《莊子·至樂》曰：「故曰：至樂無樂、至譽無譽。」下文又曰：「天無為以之清，地無為以之寧。」可見「至譽無譽」是引本章文字。由此可證范、高諸家之說不誤。今據改。⓬琭琭如玉珞珞如石　河上公曰：「琭琭喻少，落落喻多，玉少故見貴，石多故見賤。言不欲如玉為人所貴，如石為人所賤，當處其中也。」按「琭琭」，玉美貌；「珞珞」，石堅貌。老子貴「賤」，貴「下」，而玉貴石賤，所以不欲「琭琭如玉」為人所貴，而欲「珞珞如石」為人所賤。

【語　譯】「道」是天地萬物生成的總原理，「一」是「道」的代表。自古以來，是凡得到一的：天得到一而才清明，地得到一而才寧靜，神得到一而才虛靈，谷得到一而才充盈，萬物得到一而才化生，侯王得到一而才成為天下的準則。這些都是由一得到的。天不能清明，恐怕就要崩塌；地不能寧靜，恐怕要覆滅；神不能虛靈，恐怕要消失；谷不能充盈，恐怕要枯竭；萬物不能生長，恐怕要滅絕；侯王不能為天下準則，恐怕要顛覆而失位。貴以賤為根本，高以下為基礎，因此侯王們自稱「孤」、「寡」、「不穀」以示謙下，這不是以賤為本嗎？難道不是嗎？所以世上最高的稱譽就是沒有稱譽，因為有了稱譽，毀謗也就隨之而來了。不要像美玉一樣的璀璨明亮為人尊崇，而要像堅石一樣的暗淡無光為人賤視。

第四十章　反者道之動

反者道之動❶；弱者道之用❷。天下萬物生於有❸，有生於無❹。

【注　釋】❶反者道之動　「反」與「返」同，反復、循環的意思。張起鈞先生曰：「反有三種意思，一是返，二是發展到反面，三是相反相成。」「動」，運行。❷弱者道之用　道體虛無，故以柔弱為用。三十六章曰：「柔弱勝剛強」，四十三章曰：「天下之至柔，馳騁天下之至堅」，五十二章曰：「守柔曰強」，七十八章曰：「天下莫柔弱於水，而攻堅強者莫之能勝」，皆可說明道之用全在柔弱。❸天下萬物生於有　首章曰：「有，名萬物之母」，故天下萬物，皆自「有」而來。❹有生於無　首章曰：「無，名天地之始。」「無」是道體，「有」是道用，體必先於用，所以「有生於無」。

【語　譯】道的運行反復循環；道的作用柔弱謙下。「無」是道之體，「有」是道之用，天下萬物生於「有」，而「有」生於「無」。

第四十一章　上士聞道

上士聞道，勤而行之❶；中士聞道，若存若亡❷；下士聞道，大笑之❸。不笑不足以為道。故建言有之❹：明道若昧❺，進道若退❻，夷道若纇❼，上德若谷❽，大白若辱❾，廣德若不足❿，建德若偷⓫，質德若渝⓬，大方無隅，大器晚成⓭，大音希聲⓮，大象⓯無形，道隱無名。夫唯道，善貸⓰且成。

【注釋】❶上士聞道勤而行之　謂上士知「道」真實不妄，所以努力行「道」。❷若存若亡　猶若有若無。謂中士見「道」不明，聞「道」後心有所疑，覺「道」似有似無。❸大笑之　「之」指「道」。謂下士聞「道」，完全不信「道」為真實，所以大笑。❹建言有之　「建」，立。「之」，指自「明道若昧」至「道隱無名」十三句，謂古時立言的人有此說法。❺明道若昧　謂得道者內含光而外暗昧。❻進道若退　謂得道者謙退自守，與世無爭。但「以其不爭，故天下莫能與之爭」。❼夷道若纇　「夷」，平。「纇」，不平。《左傳》昭公十六年：「刑之頗類」，孔疏：「服虔讀類為纇，解云：纇，不平也。」老子之道本甚平易，而行道者往往以為窒礙難行，故曰：「夷道若纇。」❽上德若谷　謂上德之人，處卑居下，虛懷若谷。❾大白若辱　河上公曰：「大潔白之人若汙辱，不自彰顯。」⑩廣德若不足　謂盛德圓滿者，猶如不足。⑪建德若偷　俞樾曰：「『建』當讀為『健』，《釋名．釋言語》曰：『健，建也。能有所建為也。』是「建」、「健」音同，而義亦得通。『建德若偷』，言剛健之德，反若偷惰也。」按「建」與「健」音同，故「建」可通「健」。謂有剛健之德者，反若怠惰不振。⑫質德若渝　「德」王弼本原作「真」，劉師培曰：「上文言『廣德若不足，建德若偷』，此與並文，疑「真」亦當作「德」。蓋「德」字正文作「悳」，與「真」相似也。」按劉說極是，今據改。高亨曰：「『渝』，借為『窬』。《說文》：『窬，空中也。』《淮南子．汎論訓》：『無乃為窬木方版，以為舟航。』高注：『窬，空也。』『質德若渝』，猶言實德若虛耳。」⑬大器晚成　陳柱曰：「『晚』者，『免』之借。『免成』，猶無成，與上文之『無隅』，下文之『希聲』、『無形』一例，『無隅』與『大方』相反，『無形』與『大象』相反，故知『免』與『大器』相反也。『晚』借為『免』，義通於無，猶『莫』本朝暮本字，而訓為無也。」按「晚」字歷來注家皆解為早晚之晚，與上下句義不能一律，陳柱解作「免」，意猶「無」，此句意旨乃豁然顯露，而老子精神亦得以彰明。「大器晚成」就是「大器無成」；謂世上最大器具，無固定形狀，亦無固定用途。「大器」喻「道」。下文「大音」、「大象」同。⑭希聲　「希」即二十三章「希言」的「希」。「希聲」猶無聲。⑮大象　最大的形象，指「道」而言。三十五章曰：「執大象、天下往。」⑯貸　施與。《說文》曰：「貸，施也。」

【語　譯】上士聽見了道，曉得道偉大而真實，所以便努力不懈的去實行；中士聽見了道，由於識見不足，認道不清，所以覺得道似有似無，似真似妄。下士聽見了道，由於識見淺薄，根本不曉得道為何物，所以便大笑起來，以為荒唐不經。其實正因為下士大笑，才顯得道的高深；如果不笑，這道也不能算做道了。

所以，古時候立言的人說的好：明道的人內含光潔，而外表好像很暗昧似的。進道的人，謙退自牧，看起來好像是後退似的。道很平夷，易知易行，而從外表看起來好像是崎嶇不平似的。上德的人，虛心謙行，好像低下的深谷似的。操守高潔的人，不自求表現，好像含垢受辱似的。具有廣大道德的人，不矜不伐，好像德還不足似的。具有剛健之德的人，遇事退藏，好像怠惰不振似的。具有質實之德的人，毫不表現，好像空無所有似的。最大的方形沒有邊角，最大的器具沒有固定的形狀，最大的聲音聽不到，最大的形象看不到，大道隱微不可道、不可說，沒有名稱。只有道，善於創生萬物，並且使萬物長成。

第四十二章　道生一

道生一❶，一生二❷，二生三❸，三生萬物。萬物負陰而抱陽❹，沖氣以為和❺。人之所惡，唯孤、寡、不穀，而王公以為稱❻。故物或損之而益，或益之而損❼。人之所教，我亦教之❽，強梁者不得其死❾，吾將以為教父❿。

【注釋】❶道生一　王弼曰：「萬物萬形，其歸一也。何由致一？由於無也。由無乃一，一可謂無。」按道的本體為無，則「道生一」，「一」當為有，四十章曰：「有生於無」，是「道生一」即無生有。以理氣二者來說，「一」就是氣，「道」就是理，「道生一」就是理生氣。這氣是陰陽未分之前的「一氣」。❷一生二　王弼曰：「已謂之一，豈得無言乎？有言有一，非二如何？」河上公曰：「一生陰與陽也。」按王弼援《莊子・齊物論》之語作解，迂拙難通，不如河上公的解釋，較為顯豁。「一生二」謂一氣化為陰陽二氣。「二」謂陰陽二氣。❸二生三　謂陰陽二氣交合而生和氣。「三」謂陰氣、陽氣、和氣。❹負陰而抱陽　謂背陰而向陽。陽主生、陰主殺，萬物背陰向陽，所以求生避殺。❺沖氣以為和　「沖」《說文》曰：「涌搖也。」引申有激盪之意。「和」即和氣。謂陰陽二氣相激相盪，於是產生和氣。❻唯孤寡不穀　三十九章曰：「是以侯王自謂孤、寡、不穀。」❼或損之而益或益之而損　謂表面受損而實得益；表面得益而實受損。五十八章曰：「禍兮福之所倚，福兮禍之所伏」，正是此意。侯王自稱孤寡不穀，表面似受損而實得大益。❽人之所教我亦教之　「所教」「教之」，皆指下句「強梁者不得其死」。❾強梁者不得其死　馬其昶曰：「周金人銘云：『強梁者不得其死』，此古人之所以教人者，吾亦教之，故舉其語而贊之曰：『吾將以為教父』，言當奉此銘若師保也。」按「強梁」，剛暴的意思。「不得其死」，謂不得善終。❿教父　施教之本。

【語　譯】道是萬物化生的總原理，萬物化生的程序是由這個總原理的道，生出一種氣，這種氣又化分成陰陽兩氣，陰陽兩氣交合，於是產生了和氣，陰陽兩氣如此不斷的交合，不斷的創生，於是便繁衍成萬物了。萬物稟賦著陰陽而生，這陰陽兩氣互相激盪而生成新的和氣，以調和將養萬物。

人所厭惡的，就是「孤」、「寡」、「不穀」，而王公反用來稱呼自己。所以任何事物，表面上看來受損，而實際上卻是得益；表面上看來得益，而實際上卻是受損。王公知道這個道理，所以才寧願自損，而自稱「孤」、「寡」、「不穀」。周代的金人銘上說：「強梁者不得其死」，古人拿這話來教誨人，我也用這個話來教誨人；同時，我還以這道理作為教人的基本要義。

第四十三章　天下之至柔

天下之至柔，馳騁❶天下之至堅，無有入無間❷。吾是以知無為之有益。不言之教，無為之益，天下希❸及之。

【注釋】❶馳騁　驅使、克服。❷無有入無間　「無有」指虛無柔弱的東西，如氣、水。「無間」，無有間隙，指固實堅強的東西，如金、石。氣能行車，水能穿石，就是「無有入無間」的實例。❸希　少。

【語譯】天下最柔弱的東西，能夠駕御天下最堅強的東西，「無有」是最柔弱的了，卻能夠進入毫無孔隙的堅強的實體，像水能滴穿巨石，氣能轉動機器，就是最好的例子。道也是虛無的，卻是萬物的主宰。我因此知道無為的益處。不言的教誨，無為的益處，天下很少人懂得，也很少人能夠做到。

第四十四章　名與身孰親

名與身孰親❶？身與貨孰多❷？得與亡孰病❸？是故甚愛必大費，多藏必厚亡。知足不辱，知止不殆❹，可以長久。

【注　釋】❶名與身孰親　名，謂聲名。身，謂身體、生命。❷身與貨孰多　貨，謂財貨。多，重的意思。不用「重」、而用「多」，是為了與「貨」叶韻。本章「身」、「親」為韻，「貨」、「多」為韻，「亡」、「病」為韻，「愛」、「費」為韻，「藏」、「亡」為韻，「足」、「辱」為韻，「止」、「殆」、「久」為韻。又此章敘述老子輕物貴生的思想，後來楊朱「為我」的主張，實導源於此。❸得與亡孰病　得，謂得名與貨。亡，謂亡身。病，害的意思。❹知足不辱知止不殆　「知足」是心理上的節制。「知止」是行為上的節制。「知足」承上文「甚愛」而言，「知止」承上文「多藏」而言（「甚愛」主於心理，「多藏」主於行為）。「不辱」與「不殆」亦承上文「大費」與「厚亡」而言。

【語　譯】身外的榮名，和自己的生命比起來，那一個親切呢？身外的財貨，和自己的生命比起來，那一個重要呢？得到名利，和失去生命，那一個對我有害呢？所以愛名過甚，損耗的也一定很多；藏貨過多，亡失的也一定很重。唯有知道滿足，才不會受到污損；知道適可而止，才不會產生危殆。這樣，身體才可以長安，生命才可以久存。

第四十五章　大成若缺

大成若缺，其用不弊❶；大盈若沖❷，其用不窮。大直若屈❸，大巧若拙，大辯若訥。靜勝躁，寒勝熱❹，清靜為天下正❺。

【注釋】❶大成若缺其用不弊　大成，謂最完滿之物，此指道體而言。下文「大盈」、「大直」、「大巧」、「大辯」同此。「若缺」，王弼曰：「隨物而成，不為一象，故『若缺』也。」此指道象而言。下文「若沖」、「若屈」、「若拙」、「若訥」同此。弊，與「敝」同，完竭之意。「不弊」指道用而言，下文「不窮」同此。❷沖　空虛。❸屈　彎曲。❹靜勝躁寒勝熱　各本原作「躁勝寒，靜勝熱」，蔣錫昌曰：「此文疑作『靜勝躁，寒勝熱』，『靜』『躁』對言，其證一也。六十章王注：『躁則多害，靜則全真。』六十一章王注：『雄躁動貪欲，雌常以靜，故能勝雄也。』七十二章王注：『離其清靜，行其躁欲。』皆『靜』『躁』對言，其證二也。《管子・心術上》：『躁者不靜。』《淮南子・主術訓》：『人主靜漠而不躁。』亦『靜』『躁』對言，其證三也。《廣雅・釋詁三》：『躁，擾也。』《一切經音義》十四引《國語》賈注：『躁，擾也，亦動也。』是『躁』乃擾動之義，正與『靜』字相反。『靜勝躁，寒勝熱』，言靜可勝動，寒可勝熱也。二句詞異誼同，皆所以喻清靜無為勝於擾動有為也。」按其說極是，今據改。❺正　準則；模範。

【語　譯】最完滿的東西，看起來好像有欠缺似的，但是它的作用卻永不完竭。最充實的東西，看起來好像很空虛似的，但是它的作用卻永無窮盡。最直的東西，看起來好像彎曲似的。最巧的東西，看起來好像笨拙似的。最大的辯才看起來好像木訥似的。清靜克服躁動，寒冷克服炎熱，能夠執守清靜無為之道的人，自然可以作為天下人的楷模。

第四十六章　天下有道

天下有道❶，卻❷走馬❸以糞❹；天下無道❺，戎馬❻生❼於郊❽。禍莫大於不知足；咎莫大於欲得。故知足之足，常足矣。

【注　釋】❶天下有道　王弼曰：「天下有道，知足知止，無求於外，各修其內而已。」❷卻　止息的意思。❸走馬　善走的馬。❹糞　糞田，耕種的意思。❺天下無道　王弼曰：「貪欲無厭，不修其內，各求於外。」❻戎馬　即戰馬。「走馬」是就其能力而言，「戎馬」是就其用途而言。❼生　生產。❽郊　郊野，對家而言，引申有戰場的意思（凡原、郊、野，皆有戰場之意）。馬本應生於家，今生於戰場，足見天下之無道。

【語　譯】天下有道的時候，人人知足知止，國與國間沒有戰爭，戰馬沒有用了，而用來耕田；天下無道的時候，人人貪欲無厭，國與國間兵連禍結，所有的馬都用來作戰，母馬都得要在戰場上生產。由此看來，天下的災禍，沒有比不知足更大的了；天下的過咎，沒有比貪得更大的了。所以只有知足，這種滿足，才是永久的滿足。

第四十七章　不出戶知天下

不出戶，知天下；不窺牖，見天道❶。其出彌遠，其知彌少❷。是以聖人不行而知❸，不見而名❹，無為而成。

【注　釋】❶不出戶知天下不窺牖見天道　謂天下雖大，不出戶亦可知；天道雖廣，不窺牖亦可見。因萬事有則，萬物有理，知其則，識其理，則萬事萬物，如網在綱，無不了然。此即莊子所謂的「通於一而萬事畢」（〈天地〉）的道理。況萬事萬物總原理的道，是視之不可見，聽之不可聞，搏之不可得，而存於吾人心性之中。吾人只要內觀返照，化私去欲，道自可見，故不須「出戶」、「窺牖」。若必於知識經驗中求之，則愈求愈迷惑了。❷其出彌遠其知彌少　因為「道在邇而求諸遠，事在易而求諸難」的緣故。❸不行而知　應上文「不出戶，見天下」。❹不見而名　「名」，訓明。《釋名・釋言語》：「名，明也。」此句應上文「不窺牖，見天道」。

【語　譯】萬事萬物的總原理，存在我們的心中，我們如果能夠內觀返照，除私去欲，自然了然。所以不出戶外，就可以知道天下的事理；不看窗外，就可以明瞭自然的法則。出戶愈遠愈迷惑，所知的理也愈少。所以聖人不出行遠求，天下的事理就可以知道；不觀察外界，自然的法則就可以明瞭。不造作施為，萬物就可以化成。

第四十八章　為學日益

為學日益❶，為道日損❷。損之又損，以至於無為。無為而無不為❸。取❹天下常❺以無事❻，及❼其有事❽，不足以取天下。

【注　釋】❶為學日益　學，謂政教禮樂。益，謂增益知，欲，與下文「損」字相對。謂為學則知欲日增。❷為道日損　損，謂損去知欲。與上文「益」字相對。謂為道則知欲日損。❸無為而無不為　「無為」是「為道」的目的，「無不為」則是「無為」的效用。「無為」則萬物各得其所，各遂其生，所以其效用是「無不為」。❹取　治的意思，與二十九章「取天下而為之」的「取」字意同。❺常　通「當」，應當的意思。❻無事　即無為。❼及　若。與十三章「及吾無身」的「及」字同義。參見十三章注❺。❽有事　即有為，指設教令、訂刑罰。

【語　譯】為學，知欲就一天天的增加；為道，知欲就一天天的減少。減少又減少，把知和欲損盡了，沒有了「為」的動機，最後便到達無為的境地。以無為為用，萬物各得其所，各遂其生，所以可以說是無所不為。治理天下當以無為為用，如果有為，就不能治理天下了。

第四十九章　聖人無常心

聖人無常心❶，以百姓心為心。善者吾善之，不善者吾亦善之，德❷善。信者吾信之，不信者吾亦信之，德信。聖人在天下，歙歙焉❸；為❹天下，渾其心❺。百姓皆注其耳目❻，聖人皆孩之❼。

【注釋】❶無常心　常心，即《莊子．齊物論》所謂的「成心」。無常心，即無私、無我。❷德　與「得」同。❸歙歙焉　「歙」猶三十六章「將欲歙之」的「歙」，收斂的意思。「焉」是語尾詞，猶「然」。此句王弼本作「歙歙」，無「焉」字。注曰：「是以聖人之於天下，歙歙焉心無所主也。」由注文知王本原有「焉」字。傅奕本、吳澄本、范應元本皆有「焉」字，今據傅、吳諸本及王弼注文增補。❹為　治。❺渾其心　王弼曰：「為天下渾其心焉，意無所適莫也。」按：渾，是渾樸的意思。其，指聖人自己。渾其心，即質樸其心，亦即「無常心」的意思。各注家皆釋為渾百姓之心，恐非是。又按馬敍倫以為此句「《老子》本文當作渾渾焉」，極為有理。因若作「渾渾焉」，則原文即為「聖人在（猶於）天下，歙歙焉；為天下，渾渾焉。」文既對稱，意亦明暢。但因無確據，未敢擅改。❻百姓皆注其耳目　注，專注。注其耳目，謂凝視傾聽。形容百姓的愚癡如嬰兒的狀態。王弼本無此句，河上公本及《釋文》本皆有。王弼注曰：「百姓各皆注其耳目焉，吾皆孩之而已。」是王本原也有此句。今據河上公本及王弼注文增補。❼孩之　謂視之如嬰兒。

【語　譯】聖人沒有成見，而以百姓的意見為意見。百姓善良的，我固然善待他們；不善良的，我也善待他們，這樣，就人人都歸於善良了。百姓信實的，我信任他們；不信實的，我也信任他們，這樣，就人人都歸於信實了。聖人對天下人，無私無欲；治理天下，無適無莫。百姓都凝視傾聽，如愚如癡，聖人對待他們，卻「如保赤子」一般的愛護他們。

第五十章　出生入死

出生入死❶。生之徒❷十有三❸，死之徒❹十有三，人之生，動之死地❺，亦十有三。夫❻何故？以其生生之厚❼。蓋聞善攝生者❽，陸行不遇兕虎，入軍不被甲兵❾。兕無所投其角，虎無所措其爪，兵無所容❿其刃，夫何故？以其無死地⓫。

【注釋】❶出生入死　出世為「生」，入地為「死」。韓非曰：「人始於生而卒於死。始謂之出，卒謂之入。故曰：『出生入死。』」蔣錫昌曰：「此言人出於世為生，入於地為死。」❷生之徒　徒，猶類、屬。生之徒，謂能夠長壽之人。指自然長壽，非由「善攝生」。❸十有三　王弼曰：「猶云十分有三分。」按：有，猶「之」。十有三，即十之三，亦即十分之三。❹死之徒　短壽的人。指自然短壽，非由「生生之厚」。❺人之生動之死地　兩「之」字皆動詞，作「至」解。動，行。謂人本可至於長壽，而走向死地。指人為的因素，非由天然。❻夫　猶「此」。❼生生之厚　生生，即養生。生生之厚，謂過分肆其耳目口腹之欲，因而戕賊其生命。❽善攝生者　攝生，謂養生。善攝生者，指以上三種以外的十分之一的人。❾被甲兵　受到兵器的傷害。「甲」字無義，因「兵」而連言，觀下文「兵無所容其刃」，僅言「兵」，不言「甲」，則可知。❿容　《釋名・釋姿容》曰：「容，用也。」⓫無死地　謂不進入致死的境地。

【語　譯】人出世叫「生」，入地叫「死」。人出生後，能夠長壽的，有十分之三；短命夭折的，有十分之三；本來可至於長壽，而自己踏入死路的，也有十分之三。這是什麼原因呢？因為奉養太厚，享受太過了。曾聽說過，會養護生命的人，在陸地上行走，不會遇到犀牛老虎的攻擊，在軍隊中打仗，不會遭到兵刃的殺傷。犀牛雖兇，對他沒有辦法用牠的角；老虎雖猛，對他沒有辦法用牠的爪；兵器雖鋒利，對他沒有辦法用它的刃。這是什麼原因呢？因為善於養生的人，根本就不進入致死的境地。

第五十一章 道生之

道生之，德畜之❶，物❷形之，勢❸成之。是以萬物莫不尊道而貴德❹。道之尊，德之貴，夫❺莫之命而常自然❻。故道生之，德畜之，長之育之，亭之毒之❼，養之覆之❽。生而不有，為而不恃，長而不宰。是謂玄德❾。

【注　釋】❶德畜之　「德」是「道」之在於萬物者。道是萬物生成的總原理，德是萬物從這個總原理中所得的一理。畜，《說文通訓定聲》曰：「《老子》『德畜之』注：『畜者，有也。』」有，即具有、含容之意。萬物固由道所創生，但必各具一德，方能成為一物。故曰：「德畜之。」❷物　指陰陽二氣，氣為有形之體，所以用「物」字來表示。歷來注家皆以為此「物」字指萬物本身，恐非是。❸勢　指外在條件而言，如環境之類。蔣錫昌曰：「勢，指各物所處之環境而言，如地域之變遷，氣候之差異，水陸之不同是也。」❹尊道而貴德　生成萬物雖有「道」、「德」、「物」、「勢」四者，但「勢」、「物」皆出於「德」，「德」又出於「道」。「道」、「德」是本，「物」、「勢」是末。本尊而末卑，本貴而末賤。所以「萬物尊道而貴德」。❺夫　猶彼，指「道」與「德」。❻莫之命而常自然　莫，不。之，指萬物。命，支配、干涉。常，恆。謂道與德不支配干涉萬物，而無心無為，因任自然，使萬物得以各遂其生。❼亭之毒之　河上公本及其他古本多作「成之熟之」，按「亭」與「成」古音同（古聲同屬定紐，古韻同在段氏十一部），「毒」與「熟」古音同（古聲同屬定紐，古韻同在段氏第三部），故「亭」可通「成」，「毒」可通「熟」。「亭之毒之」，即河上公本的「成之熟之」。❽養之覆之　即保護之。陸希聲曰：「保其和謂之養，護其傷之謂覆。」❾生而不有為而不恃長而不宰是謂玄德　此四句重見於第十章，是此章的錯簡。玄德，深微玄妙之德。

【語　譯】道創造萬物，德含有萬物，陰陽二氣使萬物成形，氣候水土使萬物長成。但是陰陽二氣和氣候水土也是由道和德演變而出，道和德才是萬物生成的根本，所以萬物沒有不尊崇道而珍貴德的。道之所以受尊崇，德之所以受珍貴，是因為它們創生萬物，無心無為，因任自然，而萬物也能自然生長。所以道創造萬物，德含有萬物，培育萬物，長成萬物，愛護萬物。但生長萬物，而不據為己有；作育萬物，而不自恃其能；長成萬物，而不為萬物的主宰。真可稱為微妙深遠的德了。

第五十二章　天下有始

天下有始❶，以為天下母❷。既得其母，以知其子❸；既知其子，復守其母，沒身不殆❹。塞其兌❺，閉其門，終身不勤❻；開其兌，濟其事❼，終身不救。見小曰明❽，守柔曰強❾。用其光，復歸其明❿，無遺身殃⓫。是為⓬習常⓭。

【注　釋】❶始　指道。就理論上說，道是萬物的本源，必先於萬物而存在，所以稱之為「始」。❷母　指道。就作用上說，「道生一，一生二，二生三，三生萬物」（四十二章），道可創生萬物，所以稱之為「母」。❸子　指萬物。❹殆　危險。❺塞其兌　《淮南子・道應訓》：「王者欲久持之，則塞民於兌。」高注：「兌，耳目鼻口也。老子曰『塞其兌』是也。」引申有孔竅的意思。塞其兌，謂阻塞情欲的道路。阻塞情欲則內心清靜，進而可以守道執本。❻勤　訓「憂」，《呂氏春秋・不廣》：「補周室之闕，勤天子之難。」高注：「勤，憂也。」❼濟其事　濟，助。濟其事，謂助長其情欲之事。❽見小曰明　小，隱微的意思，喻道。能見此不可見的道，所以稱之曰「明」。❾守柔曰強　柔，弱。四十章曰：「弱者道之用」，是「守柔」亦即守道。守柔不僅「攻堅強者莫之能勝」，並且可「馳騁天下之至堅」，所以謂之「強」。❿用其光復歸其明　「光」是「明」的用，「明」是「光」的體。「用其光」在「知子」、在「見小」，亦即在識道。「復歸其明」在「守母」、在執本，亦即在守道。⓫殃　災害。⓬為　謂。⓭習常　習，「襲」的借字。「習」、「襲」二字音同，故可通用。常，即常道。習常，就是因襲常道。

【語　譯】天地萬物都有個本源，這個本源就是道。道能創生天地萬物，所以也是天地萬物之母。能夠掌握這天地萬物之母的道，就可以認識天地萬物。既能夠認識天地萬物，又能夠秉守這創造天地萬物的道，那末，終身都不會有危險。阻絕情欲的道路，閉塞情欲的門徑，使情欲無由產生，而能保持內心的虛靜，那末，終身都不會有憂患。開啟情欲的道路，助長情欲的產生，那末，終身都不可救治。能夠見到隱微，才算是「明」，能夠秉守柔弱，才算是「強」。運用一切外界的光來認識萬事萬物，再回復到光源的本然之明，知其子而復守其母，如此，才不會給自己帶來災害。這就是因襲常道而行，叫做「習常」。

第五十三章 使我介然有知

使❶我介然❷有知，行於大道❸，惟施❹是畏。大道甚夷❺，而民❻好徑❼。朝甚除❽，田甚蕪，倉甚虛；服文綵❾，帶利劍，厭❿飲食，財貨有餘，是謂盜夸⓫。非道也哉！

【注釋】❶使 假設之辭。老子主無知無欲，今文中謂「介然有知」，並非事實，所以冠以「使」字。❷介然 忽然。吳澄曰：「介然，與《孟子》『介然用之而成路』同，謂倏然之頃也。」❸大道 大路，實指道德之道。❹施 王念孫曰：「『施』，讀為迆。迆，邪也。言行於大道之中，唯懼其入於邪道也。下文云：『大道甚夷，而民好徑』河上公注：『徑，邪不正也。』是其證矣。《說文》：『迆，衺行也。』引〈禹貢〉『東迆北會于匯』。《孟子・離婁》：『施從良人之所之。』趙注曰：『施者，邪施而行，丁公著音迆。』《淮南子・齊俗》：『去非者，非批邪施也。』高注曰：『施，微曲也。』〈要略訓〉：『接徑直施。』高注曰：『施，邪也。』是『施』與『迆』通。」《讀書雜志・志餘上》按王氏之說極是，「施」與「迆」皆從「也」聲，二字音同，故「施」可通「迆」。❺夷 平。❻民 人，對首句「我」字而言。指一般執政者。❼徑 邪曲小路。❽朝甚除 除，馬敍倫以為「污」的借字，按馬氏之說，頗得其義。朝甚除，就是朝甚污，謂朝廷甚為污亂。

王弼釋「除」為「潔好」，與下文「蕪」、「虛」二字不能一律。❾服文綵　服，衣，作動詞用。文綵，謂錦繡。❿厭　與「饜」同，飽足的意思。⓫盜夸　當作「盜竽」，盜魁的意思。《韓非子》曰：「大姦作則小盜隨，大姦唱則小盜和。竽也者，五聲之長者也。故竽先則鐘瑟皆隨，竽唱則諸聲皆和。今大姦作，則俗之民唱，則小盜必和，故服文采，帶利劍，厭飲食，而資貨有餘者，是之謂盜竽矣。」王先慎曰：「夸字無義，當依此訂正。」

【語　譯】假使我忽然有了知識，在大道上行走，所最躭心的，便是走入邪路。大道極為平坦，可是一般執政者卻偏喜歡走小徑邪路。結果弄得朝廷非常的污亂，田地非常的荒蕪，倉庫非常的空虛。而他們自己卻穿著錦繡的衣服，佩著銳利的刀劍，吃著豐盛的酒食，搜刮來的錢財貨物，怎麼用也用不完。這種人真可稱之謂強盜頭兒。他們的行為實在不合乎道啊！

第五十四章　善建者不拔

善建者不拔，善抱者不脫❶，子孫以祭祀不輟❷。修之於身，其德乃真❸；修之於家，其德乃餘；修之於鄉，其德乃長❹；修之於邦❺，其德乃豐❻；修之於天下，其德乃普❼。故以身觀身❽，以家觀家，以鄉觀鄉，以邦觀邦，以天下觀天下❾。吾何以知天下然哉？以此。

【注　釋】❶善建者不拔善抱者不脫　建，謂建德。抱，謂抱道。天下萬物建於外面的，外力可以拔除它；抱在手上的，外力可以脫去它。道德建抱於內心，又沒有建抱之形，如果不自拔自脫，外物是無法拔脫的。所以說「不拔」、「不脫」。❷子孫以祭祀不輟　謂建德抱道，不僅可自求多福，且可福及子孫，世世不輟，祭祀永享。❸修之於身其德乃真　此句是本章重心所在，因「身」為本，「家」、「鄉」、「邦」、「天下」為末，必修之於身，其德充盈真實，然後才能施之於「家」、「鄉」、「邦」、「天下」。❹長　長大。上文「真」、「餘」，下文「豐」、「普」皆為形容詞，且皆有擴大的意思，所以「長」必為長大之意。若解為尊長之長，則與上下文不能一律。❺邦　王弼本原皆作「國」，《韓非子．解老》引作「邦」，魏源曰：『「拔」、『脫』、『輟』為韻，『身』、

『真』為韻，『家』、『餘』為韻，『鄉』、『長』為韻，『邦』、『豐』為韻，『下』、『普』為韻，皆古音也。諸本避漢諱，改『邦』作『國』。」按魏氏之說國極是，今據《韓非子》改。❻豐　豐盛；豐碩；豐厚。❼普　廣大。❽以身觀身　謂以己身觀人身。❾以天下觀天下　謂以今日天下觀往古天下、未來天下。

【語　譯】善於建立的，在心中建立德，這樣就不會拔掉；善於抱持的，在胸中抱持道，這樣就不會脫去。如果子孫也能建德抱道，就能世世不輟，祭祀永享。拿這個道理來修身，他的德必定充實；推廣到一家，他的德必定寬裕；推廣到一鄉，他的德必定長足；推廣到一國，他的德必定豐盈；推廣到天下，他的德必定博大。只要修德不輟，推的愈廣，德就愈大，真是應用無窮。所以只要我修德秉道，就可以我一身，觀察其他各人；以我一家，觀察其他各家；以我一國，觀察其他各國；以我現在的天下，觀察過去和未來的天下。我如何能夠知道天下的情況呢？就是由於這個道理。

第五十五章 含德之厚

含德之厚，比於赤子。毒蟲❶不螫❷，猛獸不據❸，攫鳥❹不搏❺。骨弱筋柔而握固❻，未知牝牡之合而朘作❼，精之至也。終日號而不嗄❽，和之至也。知和曰常，知常曰明。益生❾曰祥❿。心使氣曰強⓫。物壯則老，是謂不道，不道早已⓬。

【注釋】❶毒蟲　指蜂蠆虺蛇之類。王弼本原作「蜂蠆虺蛇」，河上公本及其他古本多作「毒蟲」。衡諸下文「猛獸不據，攫鳥不搏」，則此句當如河上公本作「毒蟲不螫」。如此，三句文字方整齊一律。今據河上公本改。❷螫　毒蟲以尾刺人。蛇虺雖無毒尾，但以「信」刺人，也可稱「螫」。❸據　通「豦」。獸類以爪攫物叫「豦」。俞樾曰：「『據』當作『豦』，《說文》豕部：『豦，鬬相丮不解也。从豕虍，豕虎之鬬不相捨。一曰虎兩足舉。』然則於猛獸言不豦，正與於毒蟲言不螫同。今作『據』者，借字耳。」❹攫鳥　攫，通「矍」。凶鷙的鳥，指鷹鸇之類。高亨曰：「『攫鳥』，猶云鷙鳥也。『攫』蓋借為『矍』。《說文》：『矍，鷹隼之視也。』鷹隼鷙鳥，其視矍矍然，故鷹隼之類，謂之矍鳥。矍鳥猶云鷙鳥，明矣。」按高說極是。上文謂「毒蟲」、「猛獸」，此處若作「攫鳥」，「攫」為獲取的意思，是動詞，則與「毒」、「猛」不類。若通「瞿」，「瞿」為視疾貌，鳥類凡視疾者必凶鷙，故「瞿」引申有凶鷙之意，如此，則與上文「毒」、「猛」二字相類。❺搏　鳥類以翼爪擊物。❻握固　握拳緊牢。❼朘作　嬰兒生殖器舉起。朘，《說文》肉部曰：「赤子陰也。」段注：「《老子》『未知牝牡之合而朘作』，河上公本如是。」按「朘」是嬰兒的生殖器，王弼本原作「全」，傅奕本及段注河上公本作「朘」，今河上公本及其他古本多作「峻」。「峻」是「朘」的借字，王弼本作「全」，易順鼎以為「全」與「朘」音近，故假「全」為之。俞樾又以為「会」字闕壞，止存上半，故誤為「全」。說皆不可據。今據段注及傅奕本改作「朘」。作，舉起的意思。❽嗄　啞。河上公本作「啞」。❾益生　不順自然，縱欲貪生。即五十章「生生之厚」的意思。《莊子・德充符》曰：「常因自然而不益生。」注：「因任自然之理，以此為常；止於所稟之涯，不知生分。」❿祥　《說文》：「祥，福也。」段注：「凡統言則災亦謂之祥，析言則善者謂之祥。」《左傳》僖公十六年：「是何祥也？」杜注：「祥，吉凶之先見者。」是善惡禍福皆可稱「祥」，此處的「祥」字當指災禍，是「不祥」的意思。王弼曰：「生不可益，益之則夭。」以「夭」釋「祥」，足以證明「祥」是「不祥」的意思。⓫心使氣曰強　「氣」即十章「專氣致柔」的「氣」，指生理的本能。「強」謂剛強（「柔弱勝剛強」的「強」，不是「守柔曰強」的「強」）。馬敘倫以為「強」應作「彊」，即「僵」的借字。可備一說。老子主張「實其腹」，主張「專氣致柔」，所以也反對「心使氣」。因為「心有知覺，氣無情慮」（《莊子・人間世》郭注），以心使氣，有違自然，其結果非死則滅，故曰「心使氣曰強」。⓬物壯則老是謂不道不道早已　三句已見於三十章，見該章注❹❺❻。

【語　譯】含德最厚的人，可以和天真無邪的嬰兒相比。嬰兒不識不知，無心無欲，純然是一團天理，所以毒蟲不螫他，猛獸不傷他，凶鳥不害他。他的筋骨雖然柔弱，但是他的小拳頭握起來卻很緊。他雖不知道男女交合的事，但是他的小生殖器卻常常勃起，這是因為他精氣充足的原因。他整天的號哭，但是他的嗓子卻不會啞，這是因為他和氣純厚的原因。能夠知道「和」的道理叫做「常」，知道常道的叫做「明」。不知道常道，不順應自然，縱欲貪生，將會產生災禍；以有欲的心，驅使生理本能的自然便是剛強。剛強總是不會持久的。試看萬事萬物，一到強大盛壯的時候，便開始趨於衰敗。所以以心使氣，也是不合於道的。不合於道的事，如飄風驟雨，很快就會消逝。

第五十六章　知者不言

知者不言，言者不知❶。塞其兌，閉其門❷，挫其銳，解其紛❸，和其光，同其塵❹。是謂玄同❺。故不可得而親，不可得而疏；不可得而利，不可得而害；不可得而貴，不可得而賤❻。故為天下貴。

【注　釋】❶知者不言言者不知　「知」與「智」同。智者知道體精微，勤而行之，無暇於言。愚者自我炫誇，終日呶呶，而離道日遠。故曰：「智者不言，言者不智。」❷塞其兌閉其門　兌、門皆情欲出入的孔道，有情欲則有親疏，塞「兌」閉「門」，則情欲無由出入，亦「不可得而親，不可得而疏」了。此二句已見於五十二章。參看五十二章注❺。❸挫其銳解其紛　銳，鋒芒。紛，紛擾。「銳」以爭利，「紛」以取害，挫銳解紛，則「不可得而利，不可得而害」。「紛」王弼本原作「分」，各本多作「紛」，王弼本第四章此句亦作「紛」，今據第四章改。❹和其光同其塵　和光在求抑己，同塵在求隨物。光貴而塵賤，和光同塵，則「不可得而貴，不可得而賤」。❺玄同　王道曰：「玄同者，與物大同而又無迹可見也。」按「玄同」謂玄同於萬物，亦即玄同於道。❻不可得而親六句　言「玄同」的境界，超然於親疏、利害、貴賤，而不為物累。

【語　譯】智者曉得道體精微，所以勤而行之，不敢多言；好自我炫耀，終日呶呶不休的人，根本不知「道」，所以便不是智者。阻絕情欲的道路，關閉情欲的門徑。收斂鋒芒，消解紛擾，隱藏光耀，和塵俗同處，這就是「玄同」的境界。修養能到達這種境界，則既無法與之親近，也無法與之疏遠；既無法使之得利，也無法使之受害，既無法使之高貴，也無法使之低賤。到達這種超出親疏利害貴賤的人，才是天下最了不起的人。

第五十七章 以正治國

以正❶治國，以奇❷用兵，以無事取天下❸。吾何以知其然哉？以此❹。天下多忌諱❺，而民彌貧；朝❻多利器❼，國家滋昏；人多伎巧❽，奇物❾滋起；法令滋彰，盜賊多有。故聖人云：我無為而民自化❿，我好靜而民自正，我無事而民自富⓫，我無欲而民自樸。

【注釋】❶正　正道，指清靜無欲之道。釋憨山曰：「治天下國家者，當以清靜無欲為正。」❷奇　奇巧。❸以無事取天下　無事，即無為。取，治的意思。❹此　指以下八句。八句所言皆「無為」的反面。❺忌諱　謂禁令。❻朝　王弼本原作「民」，潘靜觀本作「朝」，嚴靈峯先生謂作「朝」於義為長，改作「朝」。陳鼓應先生亦據潘本嚴說改作「朝」。按作「朝」為是。蓋因「忌諱」、「伎巧」、「法令」，皆庸君劣主治天下國家之具，「利器」自不得例外，若作「民」，則與上下文不能一律。三十六章云：「國之利器，不可以示人。」足為佐證。故「民」字當從潘本改作「朝」。今據改。又按蔣錫昌據多種古本改作「人」，則與下句「人多伎巧」之「人」字相重複，不若作「朝」為優。❼利器　謂權謀。與三十六章「國之利器」的「利器」同。❽伎巧　伎，與「技」

同。伎巧，即智巧。❾奇物　邪事。❿自化　自然化育。⓫我無事而民自富　此句竊意以為當在「無為」句上《文子・微明》引即在「無為」句上），理由有二：前文謂「以無事取天下」，「聖人云」以下四句即「取天下」之道，此句自當列於最前，以與前文「無事」相應，此其一。「聖人云」以下四句乃承上文「天下多忌諱」、「朝多利器」、「人多伎巧」、「法令滋彰」四句而言，設將此句移於「無為」句上，則「而民自富」恰與「而民彌貧」相應，其他三句亦能依次與前三句相應，此其二。但以無確據，未敢擅改。

【語譯】以正道治理國家，以奇術用兵作戰；但治理天下，正奇二道都不合適，惟有用無為之道。我怎麼知道是這樣的呢？是從下面幾件反無為的事實看出的：天下的禁令太多，人民動輒得咎，不能安心工作，所以越來越貧窮。政府的權謀太多，互相勾心鬥角，國家就越來越混亂。在上位的技巧太多，人民起而效尤，智偽叢生，邪事就層出不窮。法令過於嚴苛，束縛人民的自由太過，逼得人民無法生活，盜賊就越來越多。所以聖人說：我無為而治，人民就自然化育；我喜歡清靜，人民就自然純正；我不施教令，人民就自然富足；我沒有欲念，人民就自然樸實。

第五十八章　其政悶悶

其政悶悶，其民淳淳❶；其政察察，其民缺缺❷。禍兮福之所倚，福兮禍之所伏❸。孰知其極❹？其無正❺。正復為奇❻，善復為妖❼。人之迷，其日固久。是以聖人方而不割❽，廉而不劌❾，直而不肆❿，光而不燿⓫。

【注釋】❶其政悶悶其民淳淳　王弼曰：「言善治政者，無形無名，無事無政可舉，悶悶然卒至於大治，故曰：『其政悶悶』也。其民無所爭競，寬大淳淳，故曰：『其民淳淳』也。」按：悶悶，昏暗不明貌，喻政治的清靜無為。淳淳，淳樸的意思。謂主政治者無為而治，則人民淳厚樸實。❷其政察察其民缺缺　王弼曰：「立刑名，明賞罰，以檢姦偽，故曰『察察』也。殊類分析，民懷競爭，故曰：『其民缺缺』。」按：察察，嚴明貌。與「悶悶」的意思相反。喻政令繁苛，法禁嚴苛。缺缺，疎薄的意思。謂主政者有為而治，設刑立禁，人民反日以澆薄。❸禍兮福之所倚福兮禍之所伏　倚，依憑。伏，隱藏。此二句謂禍福無定。❹極　究竟。《呂氏春秋・制樂》引此文曰：「聖人所獨見，眾人焉知其極。」高注：「極，猶終。」❺其無正　「其」指禍福。《玉篇》：「正，長也，定也。」《周禮・天官宰夫》：「歲終，則令羣吏正歲會。」鄭注：「正猶定也。」是「正」有定的意思。「無正」即無定。❻奇　邪。與「正」的意思相反。❼妖　不善。與「善」的意思相反。

❽方而不割　方正而不割傷人。四十一章曰：「大方無隅」，因為「無隅」，所以「不割」。❾廉而不劌　《廣雅・釋言》：「廉，稜也。」「劌」，傷。謂雖有廉稜而不傷人。此句《禮記・聘義》及《荀子・不苟》皆有，《禮記》孔穎達疏及《荀子》楊倞注皆曰：「廉，稜也。劌，傷也。」❿直而不肆　謂坦直而不放肆。四十五章曰：「大直若屈」，「不肆」乃由「若屈」。⓫光而不燿　「燿」與「耀」同，謂雖有光亮而不耀人。五十六章曰：「和其光」。因為「和其光」，所以能「不耀」。按末四句話歷來注家都以為與上文不連貫，所以有人認為是別章的錯簡，有人主張移到「其民缺缺」之下。其實這四句正是承上文而來，上文說禍福無定，奇正相演，善妖互變，這四句接著說聖人處這個多變的情勢，有其不變之道，那就是「守雌」、「守辱」，也就是守柔處下。若我已守柔處下，換言之，已處於「禍」、「奇」、「妖」的地位，則客觀形勢無論怎樣變化，我也不會受到影響，因為我已立於不敗之地。這就是聖人之所以「方而不割，廉而不劌，直而不肆，光而不燿」的道理。

【語　譯】治國者無為無事，政治看似昏暗不明，而人民因為安定自由，其德反而日趨淳厚。治國者有為有事，政治看似條理清明，而人民因為不堪束縛，其德反而日以澆薄。所以災禍的裏面隱藏著幸福，幸福的下面潛伏著災禍。誰知道它們的究竟呢？它們是沒有一定的。正可能變成邪，善可能變成惡，人們迷惑而不曉得這個道理實在很久了。只有聖人知道能善處這個禍福無定，奇正相演，善妖互變的情形，而固守著一個常道。他們雖方正，但能與世推移，所以不會戕賊人。他們雖有廉稜，但能清靜無為，所以不會傷害人。他們雖剛直，但能柔弱謙下，所以不會放肆淩人。他們雖光亮，但能隱藏鋒芒，所以不會耀眼刺人。

第五十九章　治人事天莫若嗇

治人，事天❶，莫若嗇❷。夫唯嗇，是以❸早服❹；早服謂之重積德❺；重積德則無不克；無不克則莫知其極❻；莫知其極，可以有國❼；有國之母❽，可以長久。是謂深根固柢，長生久視❾之道。

【注釋】❶事天　謂治身、保身。《韓非子・解老》曰：「聰明睿智，天也；動靜思慮，人也。……書之所謂治人者，適動靜之節，省思慮之費也。所謂事天者，不極聰明之力，不盡智識之任。苟極盡則費神多，費神多則盲聾悖狂之禍至，是以嗇之。」韓非以「聰明睿智」釋「天」，但「聰明睿智」皆在人身，由此可知所謂「事天」，乃是事天之所賦予人的心性本能，也就是修身的意思。本章所說的都是修己治人之道，是老子「內聖外王」的工夫，沒有一句話說到天的部分，尤可證明「事天」就是修身之意。❷嗇　韓非曰：「嗇之者，愛其精神，嗇其智識也。」河上公曰：「嗇，貪也。治國者當愛民，治身者當愛精神。」是「嗇」就是愛惜、節儉的意思。與六十七章的「儉」字同義。❸是以　王弼本原作「是謂」，河上公本及其他各本同。《韓非子・解老》作「是以」。按《老子》書中，上句用「夫唯」，下句不用「是以」，則用「故」字領句（「故」也是「是以」之意），而沒有用「是謂」的。如第二章：「夫唯弗居，是以不去。」七十章：「夫唯無知，是以不我知。」

七十一章：「夫唯病病，是以不病。」七十二章：「夫唯不厭，是以不厭。」準此，這裏的「謂」字當是「以」字之誤。今據《韓非子》改。❹早服　謂早服從於道。韓非曰：「聖人雖未見禍患之形，虛無服從於道理，以稱早服。故曰：夫唯嗇，是以早服。」❺重積德　「重」，多。「德」，指嗇德。❻莫知其極　不知其盡處。❼有國　秉國，即治國。❽有國之母　謂秉有治國的根本之道。❾視　活。《呂氏春秋．重己》曰：「無賢不肖，莫不欲長生久視。」高誘注：「視，活也。」所謂「長生久視」，即三十三章「死而不亡者壽」的「死而不亡」。

【語　譯】治人修身，最好的方法莫過於愛惜精神，節省智識。因為只有愛惜精神，節省智識，才能及早服從於道；及早服從於道，就是厚積德；能厚積德，就沒有事不能克服；事事都能克服，就無法測度他的力量；力量大到無法測度，就可以秉有國家；秉有治國的根本，就可以長久的站得住。這就是根深柢固，生活長久的道理。

第六十章　治大國若烹小鮮

治大國，若烹小鮮❶。以道莅❷天下，其鬼不神❸；非❹其鬼不神，其神不傷人；非其神不傷人，聖人亦不傷人。夫兩不相傷❺，故德交歸焉❻。

【注　釋】❶小鮮　小魚。❷莅　與「蒞」同，臨的意思。❸其鬼不神　高亨曰：「『其鬼不神』之『神』，宜讀為䰠。《說文》曰：『䰠，神也，从鬼，申聲。』蓋鬼靈曰　。其鬼不　，猶云其鬼不靈，其鬼不祟也。」按高說頗為有理，《說文》段注曰：「當作神鬼也。神鬼者，鬼之神者也，故字從鬼申。老子曰：『其鬼不神。』」是段氏也以此「神」字為「䰠」的意思。「其鬼不神」，謂鬼不能作祟以疾人。（《韓非子・解老》曰：「鬼祟也疾人之謂鬼傷人。」）❹非　與「匪」同，不但的意思。《詩・大雅・抑》：「匪手攜之，言示之事；匪面命之，言提其耳。」鄭箋曰：「我非但以手攜掣之，親示以其事之是非；我非但對面語之，親提撕其耳。」高亨以為「非」為「不唯」的合音，其說有理，但無依據。❺兩不相傷　謂鬼、神、聖人與人不相傷害，「兩」指鬼、神、聖人與人。韓非曰：「上不與民相害，而人不與鬼相傷，故曰：兩不相傷。」❻德交歸焉　韓非曰：「德交歸焉，言其德上下交盛而俱歸於民也。」按謂德皆歸於人民，亦即謂人民安寧無事，皆能勉力修道。

【語　譯】烹治小魚，不能常常翻動，翻動太多，小魚就破碎了。治理大國，和烹治小魚一樣，要清靜無為，不能政令繁苛，政令太過繁苛，人民不堪相擾，國家就要混亂了。用清靜無為之道來治理天下，鬼都不作祟傷人；不僅鬼不傷人，神也不傷害人；不僅神不傷害人，聖人也不傷害人。鬼、神、聖人都不傷害人，人民就能安寧生活而勉力修道了。

第六十一章　大國者下流

大國者下流❶，天下之交❷。天下之牝，牝常以靜勝牡，以靜為下❸。故大國以❹下小國，則取❺小國；小國以下大國，則取大國。故或下以取，或下而取❻。大國不過欲兼畜❼人，小國不過欲入事人。夫兩者各得所欲，大者宜為下。

【注釋】❶大國者下流　謂大國當如江海，居於下流。王弼曰：「江海居大而處下，則百川流之；大國居大而處下，則天下流之。故曰：大國下流也。」❷交　交會；歸會。❸以靜為下　謂牝之所以勝牡，在於用「靜」，以喻大國之取小國在於處下。此句傅奕本作「以其靖故為下也」，王弼注曰：「以其靜故能為下也。」皆較原文為勝。❹以　能。下句「以」字同（「能」从「以」聲，故「以」可訓「能」）。《老子》書中的「以」字，多訓能。❺取　得。❻或下以取或下而取　謂大國以謙下取得小國的人事，小國以謙下取得大國的兼畜。上句「或」字指大國，下句「或」字指小國，是代名詞。其用法與七十三章「或利或害」句中的「或」字相同。上句「以」字與下句「而」字是互文，上句用「以」，下句用「而」，只是易字以求變化，意義並無不同。這種用法，古書常見。如《易．同人彖傳》曰：「文明以健，中正而應。」〈繫辭傳〉曰：「蓍之德圓而神，卦之德方以知。」《禮記．聘義》曰：「溫潤而澤，仁也；縝密以栗，知也。」皆其證明。易順鼎以為「以取」是取人，「而取」

是取於人。高亨以為大國取小國，是理之順事之常，故用「以」字，小國取大國，是理之逆事之變，故用「而」字。都是以意說之，不足採信。這兩句如果有不同，這不同當在「取」字下面的文字，上句「取」字下省掉「小國」二字，下句「取」字下省掉「大國」二字。如把省略的文字補進去，原文就成「或下以取小國（入事），或下而取大國（兼畜）。」文義就豁然顯露了。俞樾曰：「此二句文義無別，疑有奪譌。當云『故或下以取小國，或下而取大國。』」其實這不是「奪譌」，而是省略。❼兼畜　兼養。河上公曰：「兼并人國而牧畜之。」

【語　譯】大國要像江海一樣，處於下流，成為天下會歸之所。天下的雌性動物，常常以靜勝過雄性動物，牠們以靜為下。所以大國能對小國謙下，就可以取得小國的入事；小國能對大國謙下，就可以取得大國的兼畜。所以一是謙下取得他國的入事，一是謙下取得他國的兼畜。而大國不過要想兼畜小國，小國不過要想入事大國罷了。自處謙下，則各得其所欲。但大國尤其應該謙下。因為小國謙下，不過能保全自身；而大國謙下，則能令天下歸往啊。

第六十二章　道者萬物之奧

道者萬物之奧❶。善人之寶，不善人之所保❷。美言可以市尊，美行可以加人❸。人之不善，何棄之有？故立天子，置三公，雖有拱璧❹以先駟馬❺，不如坐❻進此道。古之所以貴此道者何？不曰：求以得❼，有罪以免邪？故為天下貴。

【注釋】❶奧　深藏之所。河上公曰：「奧，藏也。道為萬物之藏，無所不容也。」❷保　保持、依賴。河上公曰：「道者不善人之所保倚也。」❸美言可以市尊美行可以加人　市尊，獲得尊敬。加人，使人高尚。這兩句是說：「美好的言辭可以獲得人的尊敬，美好的行為可以使人高人一等。」王弼本及其他各本皆作「美言可以市，尊行可以加人」。《淮南子．道應訓》與〈人間訓〉兩引並作「美言可以市尊，美行可以加人」。是各本「尊」字下皆脫一「美」字，今據《淮南子》補。❹拱璧　合拱之璧，即大璧。《左傳》襄公二十八年：「與我其拱璧。」杜預注：「崔氏大璧。」孔穎達疏：「拱謂合兩手也。此璧兩手拱抱之，故為大璧。」❺以先駟馬　「駟馬」就是四匹馬，一乘的數目。古時送禮之前，必先致餽贈。兩次的贈送，習慣是先輕後重。如《左傳》僖公三十三年云：「鄭商人弦高，以乘韋先牛十二犒師。」乘韋（四張熟牛皮）禮輕，十二牛禮重，所以先送乘韋，後送十二頭牛。同理，拱璧禮輕，駟馬禮重，所以在駟馬之前，先送拱璧。故曰：「拱璧以先駟馬。」

❻坐　訓「跪」。朱駿聲《說文通訓定聲》曰：「古席地而坐，膝著席而下其臀曰坐，聳其體曰跪，跪可以言坐，坐不可以言跪也。」《禮記·曲禮》：「坐而遷之。」疏：「坐通名跪。」❼求以得　有求就有得。「求以」王弼本原作「以求」，河上公本同。景龍本、傅奕本及其他古本多作「求以」。按「求以得」正與下文「有罪以免」相對成文，且義也較暢，故據傅奕本改。

【語　譯】道無所不容，是萬物的隱藏之所。善人以道立身，把道看作寶貝一樣的重要；不善的人不敢違道，也時時的保守著它，依恃著它。善人修道，表現於言語，則無言不美，而能獲得人的敬仰；表現於行為，則無行不佳，而能使他高人一等。不善的人雖無美言美行，但他能保守道，依恃道，道又怎能捨棄他呢？所以奉立天子，設置三公的時候，縱使先以拱璧後以駟馬作為獻禮，還不如跪著獻上這「萬物之奧」的「道」。古時候這麼尊貴道，是什麼原因呢？難道不是說因為以道立身，有求就有得，有罪就可獲得赦免嗎？所以道實在是天下最貴重的了。

第六十三章　為無為

為無為，事無事，味無味❶。大小多少❷，報怨以德❸。圖難於其易，為大於其細❹。天下難事，必作❺於易；天下大事，必作於細。是以聖人終不為大❻，故能成其大❼。夫輕諾必寡信，多易必多難。是以聖人猶難之❽，故終無難矣。

【注釋】❶味無味　謂以無味為味。道是「淡乎其無味」的，所以「無味」是指道而言。王弼曰：「以恬淡為味，治之極也。」❷大小多少　「大」與「多」皆動詞，「看作大」、「看作多」的意思。「大小多少」謂視小為大，視少為多。「小」與「少」皆隱微不顯，所以往往為人所忽略，此亦如「易」與「細」然。但「莫見乎隱，莫顯乎微」。聖人識得此理，所以不敢輕視忽略「小」「少」，而大之多之。張默生謂：「本章的『難』、『易』、『大』、『細』諸字，不可只看表面，當向本源處尋味。」其實，對「大小多少」四字，也應作如是觀。❸報怨以德　謂聖人以德化民，民雖有怨憤，聖人猶以德化之。❹圖難於其易為大於其細　此二句承無為而言。謂處理難事應在事容易的時候；作為大事要在事細微的時候。如此，則不勞心力，自然無為。等到易者漸難，細者見大，要想無為就很難了。❺作　興起。《韓非子‧喻老》曰：「有形之類，大必起於小；行久之物，族必起於少。故曰：天下之難事，必作於易；天下之大事，必作於細。」❻不為大　不自以為偉大。謂聖人謙虛處下。❼成其大　成就他的偉大。❽難之　以易為難。

【語　譯】聖人治理天下，以無為作為政治的根本，以無事作為行政的原則，以恬淡作為施政的態度。他視小為大，視少為多，以德報怨。他解決難事，是在事情容易的時候；作為大事，是在事情細微的時候，這是因為天下的難事，必從容易而來；天下的大事，必從細微而來。所以聖人始終不自以為偉大，因此能夠成就他的偉大。輕易的允諾，必定缺少信用；把事情看的太容易，必定會遭遇到很多困難。聖人把容易的事還看的困難，因此始終沒有困難產生。

第六十四章　其安易持

其安易持❶，其未兆易謀，其脆易泮❷，其微易散。為之於未有，治之於未亂。合抱之木，生於毫末❸；九層之臺，起於累土❹；千里之行，始於足下。為者敗之，執者失之。是以聖人無為故無敗，無執故無失。民之從事，常於幾成❺而敗之。慎終如始，則無敗事。是以聖人欲不欲❻，不貴難得之貨；學不學，復眾人之所過。以輔萬物之自然，而不敢為。

【注釋】❶持　守。❷泮　通「判」。分的意思。河上公本、景龍本及多種古本作「破」。「破」與「散」字不叶。❸毫末　毫毛的末端，喻極細小。❹累土　蕢土。高亨曰：「『累』當讀為『蔂』，土籠也。起於累土，猶言起於蕢土也。」❺幾成　將近成功。❻欲不欲　所欲為無欲。「不欲」即「無欲」，下句「學不學」同例。

【語譯】安定的情況，容易持守；未見兆端的事情，容易圖謀；脆弱的東西，容易分解；細小的東西，容易散失。所以在事情尚未萌芽的時候，就要預先處理；在亂事尚未成形的時候，就要早作防備。

合抱的大木，是從嫩芽長起來的；九層的高臺，是由一筐筐泥土築起來的；千里的遠行，是由一步步走出來的。這些都是順自然而行的結果，並非出於有心的作為。如果有心作為，必有所敗；固執私見，必有所失。因此聖人無所為而為，所以無所敗；無所執而作，所以無所失。一般人作事，往往到將近成功的時候，反而失敗了，這就是因為在事情快完成的時候，一時大意疏忽的緣故。如果在事情將近完成的時候，也像開始時一樣的謹慎小心，循道而行，就不會失敗了。所以聖人無所執著，一切循道而行，因任自然，他所欲求的就是沒有欲念，不重視珍貴的貨物；他所要學的就是無知無識，以挽救人們離道失真的過失，以輔助萬物自然發展，而不敢有所作為。

第六十五章　古之善為道者

古之善為道者，非以明民❶，將❷以愚之❸。民之難治，以其智多❹。故以智治國，國之賊；不以智治國，國之福。知此兩者❺亦稽式❻。常知稽式，是謂玄德❼。玄德深矣遠矣；與物反❽矣！然後乃至大順❾。

【注　釋】❶明民　謂使民明智機巧，「明」與下文「愚之」的「愚」字為相反詞。王弼曰：「明謂多見巧詐，蔽其樸也。」河上公曰：「教民明智巧詐也。」❷將　猶乃、是。與上文「非」為對文。❸愚之　謂使民樸質敦厚。王弼曰：「愚謂無知守真，順自然也。」河上公曰：「教民使樸質不詐偽。」❹智多　謂多智巧詐偽。王弼曰：「多智巧詐。」❺兩者　指上文「以智治國，國之賊；不以智治國，國之福」而言。❻亦稽式　亦，即。猶口語「就是」。稽，通「楷」（二字音同，故可通用）。河上公本、景龍本多數古本多作「楷」。稽式，即「楷式」。法則，標準的意思。❼玄德　見五十一章注❾。❽反　通「返」。回歸的意思。王弼曰：「反其真也。」「反其真」就是「歸根」、「復命」（十六章），也就是「復歸於樸」（二十八章）。「玄德」是道的一體，萬物皆由之而生；萬物固要歸根復命，「玄德」也要歸真返樸。「與物反矣」就是說玄德與萬物皆回歸於道。❾大順　順於大道，順於自然。河上公曰：「大順，順天理也。」

【語　譯】古時候善於以道治國的人，不是要人民明智機巧，而是要人民樸質敦厚。人民所以難治，是因為他們智巧詭詐太多的緣故。所以治國者用智巧治理國家，使人民多生智巧，則是國家的禍害；不用智巧治理國家，使人民保持純樸的本性，則是國家的幸福。知道這兩種治國方式的差別，而有所取捨，就是一種法則。恆久的瞭解並運用這一個法則，可稱為「玄德」。「玄德」又深又遠，與萬物復歸於真樸的境界（道的境界），然後才能完全順合自然，與道一體。

第六十六章　江海所以能為百谷王者

江海所以能為百谷王❶者，以其善下之，故能為百谷王。是以聖人❷欲上民，必以言下之；欲先民，必以身後之。是以聖人處上而民不重❸；處前而民不害。是以天下樂推❹而不厭。以其不爭，故天下莫能與之爭。

【注　釋】❶百谷王　百谷，猶百川。王，《說文》曰：「王，天下所歸往也。」江海為百川所匯歸，故稱「百谷王」。❷聖人　王弼本原無此二字，河上公本、傅奕本及多種古本有。細玩文義，有此二字較佳，今據河上公本增補。❸重　猶「累」。❹推　推戴。

【語　譯】江海所以能夠成為百川之王，使天下的河流奔往匯歸，是因為它善於自處低下的地位，所以才能接受百川的歸注，而為百川之王。因此聖人要想居萬民之上，言語顏色必定要謙下，自稱孤、寡、不穀，及「受國之垢」。要想居萬民之前，必須處處退後，不與人爭。所以聖人雖處上位，而人民並不感到有負擔；雖居民前，而人民並不感到有損害。所以天下人民都樂於推戴他而不厭棄。這都是因為他不和任何人相爭，所以天下沒有人能爭得過他。

第六十七章　天下皆謂我道大

天下皆謂我道大，似不肖❶。夫唯大，故似不肖。若肖，久矣其細也夫。我有三寶，持而保之。一曰慈，二曰儉❷，三曰不敢為天下先。慈故能勇❸，儉故能廣❹，不敢為天下先，故能成器長❺。今❻舍慈且❼勇，舍儉且廣，舍後且先，死矣！夫慈，以戰則勝，以守則固。天將救之，以慈衛之❽。

【注釋】❶似不肖　謂道無狀無象，以退為進，以柔為強，似乎與有狀有象的萬物皆不相像。❷儉　節儉愛惜，與五十九章的「嗇」字意同。❸慈故能勇　謂慈愛所以能勇敢。《韓非子．解老》曰：「愛子者慈於子，重身者慈於身，貴功者慈於事。慈母之於弱子也，務致其福，務致其福則事除其禍，事除其禍則思慮熟，思慮熟則得事理，得事理則必成功，必成功則其行也不疑，不疑之謂勇。」❹儉故能廣　謂儉嗇所以能充足廣遠。《韓非子．解老》曰：「智士儉用其財則家富，聖人愛寶其神則精盛，人君重戰其卒則民眾，民眾則國廣。」❺器長　萬物之長。❻今　猶若，假設連詞。❼且　猶取。王弼曰：「且，猶取也。」❽天將救之以慈衛之　救，《廣雅．釋詁》曰：「救，助也。」謂天將助人，必給與慈愛的本性，使之自衛自助。河上公曰：「天將救助善人，必與慈仁之性，使能自當助也。」

【語　譯】天下人都說我的道太大，似乎沒有一樣東西可以比擬。要知道正因為這道太大，又無狀無象，所以沒有東西可以與之比擬。如果它像某一樣東西，那麼就減少了它的偉大性，早就變成不值一顧的小道了。

我有三種寶貝，謹守而不失去。第一種是慈愛，第二種是儉嗇，第三種是不敢為天下先。慈愛則視人民如赤子而盡力維護，所以能產生勇氣；儉嗇則蓄精積德應用無窮，所以能致廣遠；不敢為天下先，則反而得到擁戴，所以能為萬物之長。如果不能慈愛而但求勇敢，不能儉嗇而但求廣遠，不能後人而但求爭先，那就走向死亡之途了。三寶之中，慈愛最為重要，以慈愛之心戰爭，則能獲勝；以慈愛之心防守，則能鞏固。天要救助人，一定會給與他慈愛之性，使他自衛自助。

第六十八章　善為士者不武

善為士❶者不武❷，善戰者不怒，善勝敵者不與❸，善用人者為之下。是謂不爭之德❹，是謂用人之力❺，是謂配天之極❻。

【注　釋】❶士　將帥。王弼曰：「士，卒之帥也。」❷不武　不逞勇武。王弼曰：「武，尚先陵人也。」河上公曰：「言好道德，不好武力。」❸不與　不爭。王弼曰：「不與爭也。」❹是謂不爭之德　此承上文「不武」、「不怒」、「不與」而言。❺是謂用人之力　此承上文「為之下」而言。❻配天之極　謂合於天理（道）的極致。王弼本及其他各本此句皆作「配天古之極」。「天」字下有一「古」字。奚侗曰：「『天』下有『古』字，義不可通，殆下章『用兵者有言』句上有『古之』二字，『古之』錯入於此，而又脫一『之』字。」俞樾曰：「疑『古』字衍文也。『是謂配天之極』六字為句，與上文『是謂不爭之德，是謂用人之力』文法一律。」按奚、俞二氏謂「古」字為衍字，極為有理，今據刪。

【語　譯】善於做將帥的，不表現勇武；善於作戰的，不輕易發怒；善於克敵的，不用和敵人交鋒；善於用人的，謙虛下人。這不武、不怒、不與，就是不與人爭之德；這處下，就是利用別人的能力。這不爭和處下二者都能做到，便是合於道的極致了。

第六十九章　用兵有言

用兵有言：「吾不敢為主而為客❶，不敢進寸而退尺❷。」是謂行無行❸，攘無臂❹，執無兵❺，扔無敵❻。禍莫大於輕敵，輕敵幾喪吾寶❼。故抗兵相加❽，哀❾者勝矣。

【注釋】❶不敢為主而為客　為主，謂挑起戰端舉兵伐人。為客，謂不得已而應敵。此即所謂「後而不先，應而不唱」，亦即上章所謂「不武」、「不怒」的意思。河上公曰：「主，先也，不敢先舉兵。客者和而不倡。用兵當承天而後動。」吳澄曰：「為主，肇兵端以伐人也；為客，不得已而應敵也。」❷不敢進寸而退尺　謂戰爭已經發生，則不敢貪得冒進，以擴大戰禍，而寧願退避讓人，以消弭戰禍。此即上章所謂「不與」的意思。呂吉甫曰：「主逆而客順，主勞而客逸。進驕而退卑，進躁而退靜。以順待逆，以逸待勞，以卑待驕，以靜待躁，皆非所敵也。」❸行無行　下「行」字是名詞，謂行陣，上「行」字是動詞，謂排列行陣。這句是說雖有行陣，但作戰時好像無行陣可列。❹攘無臂　攘臂，謂舉臂。這句是說雖有膀臂但奮舉時好像無臂可舉。❺執無兵　謂雖有兵器，但持用時好像無兵器可持。按此句王弼本在「扔無敵」句後，今移至「扔無敵」前，其理由如下：(1)奕、陸希聲本「執無兵」句在「扔無敵」句上。而王弼注曰：「猶行無行，攘無臂，執無兵，扔無敵。」是王弼本「執無兵」句原也在「扔無敵」句前。⑵「行無行，攘無臂，執無兵，扔無敵」四句隔句押韻，即一、三句叶，二、四句叶。較一、四句叶，二、三句叶為佳。⑶行行、攘臂、執兵、扔敵，如此排列，文義較有次序，也較順暢。若「執兵」與「扔敵」顛倒，次序似嫌混亂。❻扔無敵　扔，訓引。引申有就、接近的意思。謂雖有敵人，但扔敵時好像無敵可扔。❼輕敵幾喪吾寶　幾，猶則。歷來注家皆解為「幾乎」，似不妥。寶，指慈、儉、不敢為天下先三寶。謂輕敵則喪失我三寶。❽抗兵相加　謂舉兵相敵戰。王弼曰：「抗，舉也。加，當也。」❾哀　訓「愛」，即三寶之一的「慈」。易順鼎曰：「哀即愛，古字通。〈詩序〉：『哀窈窕而不淫其色』，哀亦當讀為愛。」

【語　譯】用兵的人曾這樣說過：「我不敢挑起戰端以兵伐人，只有在不得已的情況下，起兵應戰。在作戰的時候，我也不敢逞強躁進，以擴大戰禍，而寧願退避讓人，以消弭戰禍。這就是說：雖有行陣，但作戰時好像沒有行陣可列；雖有膀臂，但奮舉時好像無臂可舉；雖有兵器，但持用時好像無兵器可持；雖有敵人，但扔敵時好像無敵可扔。禍害之大，沒有超過輕敵的了。輕視敵人，就喪失了我的三寶。所以舉兵相交戰的時候，有慈愛本心的往往得到勝利。

第七十章 吾言甚易知

吾言甚易知，甚易行❶。天下莫能知，莫能行❷。言有宗，事有君❸。夫唯無知，是以不我知❹。知我者希，則我者貴❺。是以聖人被褐懷玉❻。

【注釋】❶甚易知甚易行　王弼曰：「可不出戶窺牖而知，故曰：甚易知也。無為而成，故曰：甚易行也。」❷天下莫能知莫能行　王弼曰：「惑於躁欲，故曰：莫之能知也。迷於榮利，故曰：莫之能行也。」按人之所以不知「道」，主觀方面，由於道與俗不肖，與物相反；客觀方面，由於中士、下士過多，而上士過少之故。❸言有宗事有君　謂言論皆有本源，行事皆有根據。「宗」與「君」皆指道。呂吉甫曰：「無為而自然者，言之宗也；無為而自然者，事之君也。」❹夫唯無知是以不我知　正因為不瞭解我的言論，所以也不瞭解我。「夫唯」是《老子》書中的常用語，凡以「夫唯」開頭的句子，都是上有所承的。「夫唯無知」，即承上文「天下莫能知」。無知，就是「莫能知」，指「言」；下句「不我知」，「我」指老子自身，下面「聖人被褐懷玉」一語，正是「不我知」的結果，脈絡非常清楚。歷來注家不明其意，所以對此二句的解釋，始終不能浹洽。有的注家把「無知」改作「有知」來解，結果是治絲益棼。❺則我者貴　謂效法我的人稀少。「貴」與上文「希」字的意思相同。蔣錫昌曰：「物以稀為貴，則貴亦希也。」❻被褐懷玉　謂穿著褐衣，懷抱美玉。喻大道不行，聖人只有內守其真，外同其塵。被，穿著的意思。褐，低賤者所穿的粗毛布的衣服。

【語　譯】我的言論很容易瞭解，也很容易實行。但是天下人惑於躁欲，迷於榮利，卻沒有人能夠瞭解，沒有人能夠實行。我的言論以道體的自然無為為本源，我的行事以道體的自然無為為根據。正因為不瞭解我的言論，所以也不瞭解我。瞭解我的人太少，效法我的人因而也就鳳毛麟角了。大道不行，所以聖人只好外同其塵，內守其真罷了。

第七十一章 知不知

知，不知，上❶；不知，知，病❷。聖人不病，以其病病。夫唯病病，是以不病❸。

【注 釋】❶知不知上 謂雖知大道，而如愚若晦，自以為不知，是為最上。河上公曰：「知道，言不知，是乃德之上也。」❷不知知病 謂不知大道，而炫智耀光，自以為知，是為缺失。河上公曰：「不知道，言知，是乃德之病。」❸聖人不病以其病病夫唯病病是以不病 王弼本、河上公本及其他各本皆作「夫唯病病，是以不病。聖人不病，以其病病，是以不病。」既重複「是以不病」一句，「夫唯」句又無所承（說見上章注❹），文字意義，兩皆不暢。今考《御覽》疾病部引此文作「聖人不病，以其病病。夫唯病病，是以不病」似較各本為優。由此可知各本「夫唯病病，是以不病」二句，原在章末，後誤倒在「聖人不病，以其病病」之上，又衍「是以不病」末句，所以才造成這樣辭句重複，文義不暢的現象。今據《御覽》所引文字改正。「聖人不病，以其病病」，謂聖人之所以無此缺失，是因為聖人以此缺失為缺失。「病病」，上「病」字是動詞，下「病」字是名詞。

【語 譯】已經完全瞭解大道，而如愚若晦，表現的好像並不瞭解一樣，這是最高明的了；根本不瞭解大道，而自炫自耀，表現的好像已經完全瞭解一樣，這就是毛病。聖人所以沒有這個毛病，是因為他把這個毛病當作毛病。正因為能把這個毛病當作毛病，所以才沒有這個毛病。

第七十二章　民不畏威

民不畏威❶，則大威❷至。無狎其所居❸，無厭❹其所生。夫唯不厭，是以不厭❺。是以聖人自知不自見❻，自愛不自貴❼。故去彼取此❽。

【注　釋】❶威　威迫，指苛政暴刑。❷大威　大的威迫，指人民的反抗行為，如暴動、造反等是。❸無狎其所居　謂不可束縛人民的起居行為。狎，通「狹」（二字音同）。河上公本作「狹」。狹，即《說文》「陝」字，陝隘迫促的意思，引申則有束縛脅迫之意。居，謂居處、行止。與下句「生」字為互文，引申也有生活之意。❹厭　即今「壓迫」的「壓」字。《說文》：「厭，笮也。」段注：「竹部曰：笮者迫也。此義今人字作壓，乃古今字之殊。」❺夫唯不厭是以不厭　上「厭」字即「無厭其所生」的「厭」，作壓迫解；下「厭」字即六十六章「天下樂推而不厭」的「厭」，作厭惡解。❻自知不自見　謂自知其居萬民之上，而退讓謙下，不自求表現。見，同「現」。王弼曰：「不自見其所知，以耀光行威也。」❼自愛不自貴　謂自愛其化育萬物之德，而清靜無為，不作威作福，設刑立禁。❽去彼取此　彼，指自見、自貴，此指自知、自愛。

【語　譯】治國者設苛政暴刑以威迫人民，人民如果不怕這種威迫，必定反抗作亂，那麼更大的威迫就要降臨到治國者的身上了。所以治國者不要脅迫人民的生存，不要壓榨人民的生活。正因為執政者不壓榨人民，不脅迫人民，人民才推戴而不厭棄他。所以聖人自知位居萬民之上，因此退讓謙下，而不顯智耀光。自愛養育萬物之德，因此清靜無為，而不設刑立禁。所以取前者而去後者。

第七十三章　勇於敢則殺

勇於敢則殺，勇於不敢則活❶。此兩者❷，或利或害，天之所惡❸，孰知其故？是以聖人猶難之❹。天之道，不爭而善勝❺，不言而善應❻，不召而自來❼，繟然而善謀❽。天網❾恢恢❿，疏而不失⓫。

【注釋】❶勇於敢則殺勇於不敢則活　敢，謂堅強。不敢，謂柔弱。這兩句是說：勇於表現剛強的則死，勇於表現柔弱的則生。七十六章曰：「堅強者死之徒，柔弱者生之徒。」與這兩句的意思相同。❷此兩者　指「勇於敢」與「勇於不敢」。❸所惡　惡剛強。❹難之　謂難知天惡剛強之故。❺不爭而善勝　六十六章曰：「以其不爭，故天下莫能與之爭。」❻不言而善應　《論語・陽貨》曰：「天何言哉？四時行焉，百物生焉。」「四時行，百物生」，就是「善應」之實。❼不召而自來　王弼曰：「處下，則物自歸。」按三十五章曰：「執大象，天下往。」無我無私，自處卑下，則天下歸往，如百川之匯歸於江海。故曰：「不召而自來。」❽繟然而善謀　繟，寬貌。謂天道寬坦無心（無私心），但善於為萬物謀慮，曲成萬物而不遺。❾天網　喻天道作用的範圍。❿恢恢　廣大貌。⓫疏而不失　不爭而勝，不言而應，不召而來，繟然而謀，就是天道的疏而不失。

【語　譯】勇於表現剛強的人，則不得其死；勇於表現柔弱的人，則能保其身。同樣是勇，但勇於剛強則得害，勇於柔弱則受利。天所以厭惡「勇於敢」的人，是因為他表現剛強，這個道理誰能知道呢？所以聖人還以知天為難哩，何況一般人呢！天道不爭強而善於取勝，不說話而善於回應，不召喚而萬物自歸，寬坦無心而善於為萬物謀劃。天道的作用好像一面網似的，這「天網」所網罩的範圍無所不包，真是廣大極了。它雖然是稀疏的，但是卻不會有一點漏失。

第七十四章　民不畏死

民不畏死，奈何以死懼之？若使民常畏死，而為奇❶者，吾得執而殺之，孰敢？常有司殺者❷殺。夫代司殺者❸殺，是謂代大匠❹斲。夫代大匠斲❺者，希有不傷其手矣。

【注釋】❶奇　猶「邪」。王弼曰：「詭異亂羣謂之奇也。」❷司殺者　指天道。❸代司殺者　指以苛刑虐政殘殺人民的暴君。❹大匠　木匠之長。《孟子・告子上》：「大匠誨人必以規矩。」朱注：「大匠，工師也。」❺斲　砍；削。

【語譯】人民飽受苛刑虐政的逼迫，到了不怕以死相抗的時候，執政者怎麼能以死來威迫他們呢？如果人民怕死的話，一有作姦犯法的人，我就抓來殺掉，誰還敢再做壞事？但事實並不如此，所以刑戮就失其效用了。天地之間冥冥中一直有專司殺生者來殺戮萬物，不需人來代勞。若一定要代替天地之間的殺生者來主持殺戮，這就猶如不會工藝的人來代替木匠砍斲木頭。代替木匠砍斲木頭的人，很少有不砍傷自己手的。

第七十五章　民之饑

民之饑，以其上食稅之多，是以饑。民之難治，以其上之有為❶，是以難治。民之輕死，以其上求生之厚❷，是以輕死。夫唯無以生為❸者，是賢於貴生❹。

【注　釋】❶有為　強作妄為，指苛煩政令而言。❷求生之厚　即五十章的「生生之厚」。❸無以生為　不以生為事，即不貴生。「以生為」則「心使氣」，名為貴生，實為傷生。❹貴生　重視生命而厚養之。「貴生」非生命本能的自然，所以老子反對。

【語　譯】人民所以饑餓，是因為在上位的聚斂太多，弄得他們不能自給，所以才饑餓。人民所以難治，是因為在上位的多事妄作，苛煩政令，弄得他們無所適從，所以才難治。人民所以輕死，是因為在上位的奉養過奢，弄得他們不堪需索，所以才輕死。因此在上位的恬淡無欲，清靜無為，比起貴生厚養，以苛政煩令需索壓榨人民來，要好得多了。

第七十六章　人之生也柔弱

人之生也柔弱，其死也堅強❶。萬物❷草木之生也柔脆，其死也枯槁❸。故堅強者死之徒，柔弱者生之徒。是以兵強則不勝，木強則兵❹。強大處下，柔弱處上。

【注釋】❶人之生也柔弱其死也堅強　柔弱、堅強，指人的形體而言。謂人生時身體柔軟，死後則變為僵硬。❷萬物　嚴遵本、傅奕本、范應元本、吳澄本皆無此二字。按上文言「人」，此處當言「草木」以與之相偶，且「草木」屬於「萬物」，既言「草木」，則不應言「萬物」，由此可知「萬物」二字當為衍文，應刪。

❸草木之生也柔脆其死也枯槁　柔脆、枯槁皆指草木的形質。謂草木生時柔軟脆弱，死後則變為枯槁堅硬。

❹兵強則不勝木強則兵　下「兵」字，動詞，砍伐的意思。謂兵勢強盛，則恃強而驕，反而不能勝敵。樹木強大，則為工匠所需，反被砍伐。又此二句《列子・黃帝》、《文子・道原》、《淮南子・原道訓》皆作「兵強則滅，木強則折」。義似較勝。

【語譯】人在活著的時候，身體是柔軟的，死後就變為僵硬了。草木生長的時候，形質是脆弱的，死後就變為枯槁了。所以凡是堅強的，都是屬於死亡的一類；凡是柔弱的，都是屬於生存的一類。因此，兵勢強盛，反而不能取勝；樹木強大，反而遭受砍伐。由此可知，凡是強大的，反而居於下位；凡是柔弱的，反而處在上面。

第七十七章 天之道

天之道，其猶張弓❶與！高者抑之，下者舉之；有餘者損之，不足者補之❷。天之道，損有餘而補不足；人之道❸，則不然，損不足以奉有餘。孰能有餘以奉天下？唯有道者。是以聖人為而不恃，功成而不處，其❹不欲見賢❺。

【注　釋】❶張弓　《說文》曰：「張，施弓弦也。」是「張弓」即施弦於弓的意思。❷高者抑之四句　高亨曰：「施弦於弓時，弦之位高則抑之，故曰：『高者抑之。』弦之位下則舉之，故曰：『下者舉之。』弦之長有餘則損之，故曰：『有餘者損之。』弦之長不足則補之，故曰：『不足者補之。』」❸人之道　指人的社會一般情況。❹其　以。因為之意。景龍本作「斯」，「斯」也是「以」的意思。❺見賢　表現己德。

【語　譯】天道的作用，就跟把弦繫在弓上的情況一樣吧！弦位高了，就把它壓低；弦位低了，就把它升高；弦長了，就把它去掉；弦短了，就把它補足。天之道，是虧損有餘的來彌補不足的，但人的社會一般的情況卻不是如此，因為人有私欲，為了自己的利益，所以就剝奪不足的，而來供給有餘的。

誰能體天之道，把有餘的供給天下不足的？只有得道的人才能如此。所以聖人作育萬物，而不自恃其能；成就萬物，而不自居其功。他無私無欲，因任自然，而不想表現自己。

第七十八章　天下莫柔弱於水

天下莫柔弱於水，而攻堅強者莫之能勝❶。以其無以易之❷。弱之勝強，柔之勝剛，天下莫不知❸，莫能行。是以聖人云：「受國之垢❹，是謂社稷主；受國不祥❺，是謂天下王。」正言若反❻。

【注釋】❶天下莫柔弱於水而攻堅強者莫之能勝　「莫之能勝」猶「莫能勝之」，「之」指水。河上公曰：「圓中則圓，方中則方，擁之則止，決之則行。水能懷山襄陵，磨鐵消銅，莫能勝水而成功也。」❷以其無以易之　王弼曰：「以，用也。其，謂水也。言用之柔弱，無他物可以易之也。」按：「以」應解作「因」，王弼釋為「用」，「用」也是「因」的意思。「其」，指「攻堅強者」。王弼謂指「水」，似不妥。「無以」，不能。「易」，更換。「之」指水。全句的意思是：因為所有攻堅強者都不能改變水的柔弱的本性。河上公本及其他古本此句多作「其無以易之」，似不如王本為長。❸莫不知　馬敍倫曰：「易州卷子成疏臧疏潘『不知』作『能知』，范、彭同此。」按作「能知」義較長，七十章曰：「天下莫能知，莫能行。」可資為證。此處「不」字當為「能」字之誤。❹垢　謂污垢、屈辱。❺不祥　謂災禍。❻正言若反　老子言論皆以道為本，但表面看來，皆與俗不肖，與物相反。所以說：「正言若反。」

【語　譯】世上的東西，沒有比水更柔弱的了；但是任何可攻堅克強的，都不能勝過它。因為沒有辦法改變它柔弱的本性。弱勝強，柔勝剛，這個道理天下沒有人不知道，但卻沒有人能夠實行，因為人人都喜歡爭強。所以聖人說：「能夠承受全國的污辱，才配做社稷之主；能夠承受全國的災禍，才配做天下之王。」這種合於正道的言論，表面看來，似乎與俗情相反。

第七十九章　和大怨

和大怨，必有餘怨❶，安可以為善？是以聖人執左契❷，而不責於人❸。有德司契❹，無德司徹❺。天道無親，常與善人❻。

【注釋】❶和大怨必有餘怨　和，猶調和、調解。謂若已有大怨，雖勉力排解，必定尚有餘怨存於心底。魏源曰：「學道者苟於大怨強自和之，而尚有藏怒宿怨之存於中，即使終不發作，而纖介未去，與邱山同。」❷執左契　《說文》曰：「契，約束也。」《通訓定聲》曰：「凡質劑之書券，簿書之最目，獄訟之要辭，皆曰契。」按「契」即券契，相當於今日的合同。剖分左右，各執其一，合之以為信。右契尊，左契卑。《禮記·曲禮》曰：「獻粟者執右契。」鄭注：「契，券要也，右為尊。」孔疏：「右為尊，以先書為尊故也。」《戰國策·韓策》：「操右契而為公責德於秦魏之王。」鮑彪注：「左契待合而已，右契可以責取。」契又稱券，《史記·平原君列傳》曰：「事成，操右券以責。」正義曰：「右券，上契也。」〈田敬仲完世家〉：「公常執左券以責於秦韓。」正義曰：「左券下，右券上。」左契是下契，執左契，只能待人來責，而不能責於人。是「執左契」即執卑下，處柔弱之喻。❸不責於人　責，索取的意思。吳澄曰：「執左契者，己不責於人，待人來責而已。」魏源曰：「我執其左，但有執右以來責取者，吾即以財物與之，而未嘗有所責取於人。聖人之於物，順應無心，來無不受，亦若是而已。」❹有德司契　司，主；掌。契，即「左契」的省言。謂有德之人如掌左契者，僅與人而不取於人。❺無德司徹　徹，周代的賦稅名稱，《孟子・滕文公上》：「周人百畝而徹。」趙注：「徹猶取，人徹取物也。」此句謂無德之人如掌賦稅者，僅取於人而不與人。❻天道無親常與善人　親，私。與，助。善人，指司左契的有德者。謂天道無所偏私，唯常幫助善人，蓋因與而不取，合於天道，故天助之。釋憨山曰：「施而不取，我既善矣。人不與天必與之，所謂自天佑之，吉無不利。豈常人所易知哉。」

【語譯】既有大的怨恨，縱使把它調解，也一定會有餘怨藏在心底，這怎能算是好的辦法？所以聖人待人守柔處下，就好像掌握左契，只給人而不向人索取。這樣，怨恨根本無從產生，何用調解？有德者待人，就如同掌握左契，只給與人而不索取別人的，所以人無怨心；無德者待人，就如同執掌賦稅，只向人索取而不給與人，所以人多生怨。與而不取，完全合於天道，天道雖毫無偏私，但卻永遠降福有德之人。

第八十章 小國寡民

小國寡民，使有什伯之器❶而不用，使民重死❷而不遠徙。雖有舟輿，無所乘之；雖有甲兵，無所陳之❸。使民❹復結繩而用之❺。甘其食，美其服，安其居，樂其俗❻。鄰國相望，雞犬之聲相聞，民至老死不相往來。

【注釋】❶什伯之器　指兵革之屬。俞樾曰：「什伯之器，乃兵器也。《後漢書・宣秉傳》注曰：『軍法，五人為伍，二五為什。則共其器物，故通稱生生之具為什物。』然則什伯之器，猶言什物矣。其兼言伯者，古軍法以百人為伯，《周書・武順》：『五五二十五曰元卒，四卒成衛曰伯。』是其證也。什伯皆士卒部曲之名。……徐鍇《說文繫傳》於人部下引《老子》曰：『有什伯之器，每什伯共用器，謂兵革之屬。』得其解矣。『使有什伯之器而不用，使民重死而不遠徙。』兩句一律。下文『雖有舟輿，無所乘之；雖有甲兵，無所陳之』，『舟輿』句蒙『重死而不遠徙』而言，『甲兵』句蒙『什伯之器不用』而言，文義甚明。」❷重死　愛惜生命。❸雖有舟輿無所乘之雖有甲兵無所陳之　「陳」是陳列的意思。上句承「有什伯之器而不用」而言，下句承「重死而不遠徙」而言。又馬敘倫曰：「『雖有舟輿』四句，古注文，誤入經文者也。」其說可供參考。❹民　王弼本原作「人」，河上公本、傅奕本，及多種古本皆作「民」，今據河上公本改。❺復結繩而用之　謂民淳事簡，可不用文字而治。此為老子反古思想。❻甘其食美其服安其居樂其俗　謂人民不慕榮利，恬淡自足，食雖粗而以為甘，衣雖惡而以為美，居雖陋而以為安，俗雖樸而以為樂。河上公曰：「甘其蔬食，不漁食百姓也。美其惡衣，不貴五色。安其茅茨，不好文飾之屋。樂其質樸之俗，不轉移也。」蘇轍曰：「內足，則外無所慕，故以其所有為美，以其所處為樂，而不復求也。」

【語　譯】理想的國家是這樣的：國土很小，人民很少。在這個國度裏，大家無爭無隙，縱有各種武器也不運用；沒有苛政暴斂，人民不會冒生命危險遷移遠方。這樣，雖然有船隻車輛，也沒有必要去乘坐；雖有盔甲兵器，也沒有機會去陳列。使人民回復到結繩記事原始社會的狀況。人民恬淡寡欲，不慕榮利。吃的雖是粗食，但覺得很甘美；穿的雖是蔽衣，但覺得很美觀；住的雖是陋室，但覺得很安適；風俗雖很簡樸，但覺得很快樂。和鄰國之間彼此都可以看得見，雞鳴狗吠的聲音彼此也可以聽得著；但因為生活安定，彼此之間的人民，從生到死，也不相往來。

第八十一章　信言不美

信言不美，美言不信❶。善者不辯，辯者不善❷。知者不博，博者不知❸。聖人不積❹，既以為人己愈有，既以與人己愈多。天之道，利而不害；聖人之道，為而不爭。

【注　釋】❶信言不美美言不信　信言，真話。美言，巧言。謂真實之言不悅耳，悅耳之言不真實。王弼曰：「信言不美，實在質也；美言不信，本在樸也。」又：「言」字俞樾以為當作「者」字，其言曰：「此當作『信者不美，美者不信』，與下文『善者不辯，辯者不善；知者不博，博者不知』文法一律。河上公於『信言不美』注曰：『信者如其實，不美者樸且質也。』是可證古本正作『信者不美』，無『言』字也。」按河上公於「美言不信」句下注曰：「滋美之言者孳孳華詞，不信者飾偽多空虛也。」是知古本亦作「言」，不作「者」，至於河上公於「信言不美」句下注曰：「信者如其實。」乃省略「言」字，不可據之以訂本文。且就意義而言，作「信言」、「美言」，亦較作「信者」、「美者」為勝，不可僅求文法一律改「言」為「者」，而忽略其意義。故俞說不可從。❷善者不辯辯者不善　謂善者以行為表其德，不以辯說明其善。若待辯說以明其善，則非真善。❸知者不博博者不知　「知」通「智」。謂智者深得萬事萬物之理，故所知不博；若廣心博騖，是捨本逐末，必非智者。❹不積　謂無私無欲。吳澄曰：「不積，謂虛而無有也。虛而無有，故所應不窮，以積為有，則所應有限，豈能愈有愈多哉？」

【語　譯】真實的話不悅耳；悅耳的話不真實。善良的人以行表其善，不須以言辯解；以言辯解的人，不是善良的人。智者深求事物之理，所以所知不廣；知識廣博的人，捨本逐末，所以不是智者。聖人無私無欲，以虛無為體，以無為為用，所以愈幫助人，自己愈充足；愈給與人，自己愈富裕，真是因應無窮。天道無私，對於萬物有利而無害，聖人善體天道，所以他的道是供獻施與而不與人爭奪。

本書引用參考書目（依引用先後次列）

韓　非　解老

陸德明　老子音義

畢　沅　老子道德經考異

劉師培　老子斠補

陳鼓應　老子今注今釋

陳　柱　老子集訓

高　亨　老子正詁

徐復觀　有關老子其人其書的再檢討

葉夢得　老子解

河上公　老子章句

釋憨山　道德經解

王　弼　老子注

范應元　老子道德經古本集注

嚴　復　老子道德經評點

蘇　轍　老子解

吳　澄　道德真經注

嚴靈峯　老子章句新編

陳　柱　老子選注

薛　蕙　老子集解

陸希聲　道德真經傳

張默生　老子章句新釋

王　道　老子億

俞　樾　諸子平議
王　淮　老子探義
馬敍倫　老子校詁
傅　奕　道德經古本篇
蔣勻田　道德經中「容」字與「客」字解
易順鼎　讀老札記
成玄英　道德經開題序訣義疏
奚　侗　老子集解
朱晴園　老子校釋
蔣錫昌　老子校詁
張起鈞　老子研究
李嘉謀　道德真經義解
錢　穆　關於老子成書年代之一種考察
羅振玉　老子道德經考異附補遺
馬其昶　老子故
高延第　老子證義

韓　非　喻老
魏　源　老子本義
呂吉甫　老子注

現代人不可不讀的智慧經典
——古籍今注新譯叢書

集當代學者智識菁華
重現古人的文字魅力

【哲學類】

新譯尹文子　徐忠良注　黃俊郎校
新譯淮南子　熊禮匯注　侯迺慧校
新譯潛夫論　彭丙成注　陳滿銘校
新譯鄧析子　徐忠良注　劉福增校
新譯韓非子　賴炎元、傅武光注
新譯尸子讀本　水渭松注　陳滿銘校
新譯四書讀本　謝冰瑩等注
新譯申鑒讀本　林家驪等注　周鳳五校
新譯老子讀本　余培林注
新譯列子讀本　莊萬壽注
新譯孝經讀本　賴炎元、黃俊郎注
新譯易經讀本　郭建勳注　黃俊郎校
新譯荀子讀本　王忠林注
新譯莊子讀本　黃錦鋐注

新譯新書讀本　饒東原注　黃沛榮校
新譯新語讀本　王　毅注　黃俊郎校
新譯管子讀本　湯孝純注　李振興校
新譯墨子讀本　李生龍注　李振興校
新譯論衡讀本　蔡鎮楚注　周鳳五校
新譯禮記讀本　姜義華注　黃俊郎校
新譯孔子家語　羊春秋注　周鳳五校
新譯公孫龍子　丁成泉注　黃志民校
新譯老子解義　吳　怡著
新譯呂氏春秋　朱永嘉等注　黃志民校
新譯晏子春秋　陶梅生注　葉國良校
新譯明夷待訪錄　李廣柏注　李振興校

文學類

新譯千家詩　邱燮友、劉正浩注
新譯花間集　朱恒夫注　耿湘沅校
新譯幽夢影　馮保善注　黃志民校
新譯菜根譚　吳家駒注　黃志民校
新譯搜神記　黃　鈞注　陳滿銘校
新譯薑齋文集　平慧善注　周鳳五校
新譯詩品讀本　程章燦注
新譯詩經讀本　滕志賢注
新譯楚辭讀本　傅錫壬注
新譯漢賦讀本　簡宗梧注
新譯人間詞話　馬自毅注　高桂惠校
新譯文心雕龍　羅立乾注　李振興校
新譯世說新語　劉正浩等注
新譯古文觀止　謝冰瑩等注
新譯江文通集　羅立乾等注
新譯阮步兵集　林家驪注
新譯明散文選　周明初注　黃志民校
新譯明傳奇選　張宏生注
新譯昭明文選　周啟成等注　劉正浩等校
新譯唐傳奇選　束　忱等注　侯迺慧校
新譯曹子建集　曹海東注
新譯陸士衡集　王雲路注
新譯陶淵明集　溫洪隆注
新譯陶庵夢憶　李廣柏注
新譯揚子雲集　葉幼明注　周鳳五校
新譯嵇中散集　崔富章注　莊耀郎校
新譯賈長沙集　林家驪注　陳滿銘校

新譯橫渠文存　張金泉注
新譯顧亭林集　劉九洲注
新譯元曲三百首　賴橋本、林玫儀注
新譯宋元傳奇選　姚　松注
新譯宋詞三百首　汪　中注
新譯唐人絕句選　卞孝萱等注
新譯唐詩三百首　邱燮友注
新譯諸葛丞相集　盧烈紅注
新譯駱賓王文集　黃清泉注
新譯昌黎先生文集　周啟成等注　陳滿銘等校
新譯范文正公選集　王興華等注　葉國良校
新譯臨川文集選　沈松勤等注

歷史類

新譯公羊傳　雪　克注　周鳳五校
新譯列女傳　黃清泉注　陳滿銘校
新譯越絕書　劉建國注　黃俊郎校
新譯燕丹子　曹海東注　李振興校
新譯穀梁傳　顧寶田注　葉國良校
新譯戰國策　溫洪隆注　陳滿銘校
新譯左傳讀本　郁賢皓注
新譯尚書讀本　吳　璵注
新譯尚書讀本　張持平注
新譯國語讀本　易中天注　侯迺慧校
新譯新序讀本　葉幼明注　黃沛榮校
新譯說苑讀本　左松超注
新譯說苑讀本　羅少卿注　周鳳五校
新譯西京雜記　曹海東注　李振興校
新譯吳越春秋　黃仁生注　李振興校
新譯東萊博議　李振興、簡宗梧注

宗教類

新譯山海經　楊錫彭注
新譯列仙傳　張金嶺注　陳滿銘校
新譯維摩詰經　陳引馳注
新譯抱朴子　李中華注　黃志民校
新譯法華經　張松輝注
新譯金剛經　徐興無注　侯迺慧校
新譯神仙傳　周啟成注
新譯高僧傳　趙　益注

新譯楞嚴經　賴永海注
新譯六祖壇經　李中華注　丁　敏校
新譯阿彌陀經　束景南注
新譯經律異相　顏洽茂注
新譯禪林寶訓　李中華注
新譯老子想爾注　顧寶田等注　傅武光校
新譯周易參同契　劉國樑注　黃沛榮校
新譯黃帝陰符經　劉連朋注
新譯道門觀心經　王　卡注　黃志民校
新譯養性延命錄　曾召南注　劉正浩校
新譯沖虛至德真經　張松輝注　周鳳五校

軍事類

新譯司馬法　王雲路注
新譯尉繚子　張金泉注
新譯三略讀本　傅　傑注
新譯六韜讀本　鄔錫非注
新譯吳子讀本　王雲路注
新譯孫子讀本　吳仁傑注
新譯李衛公問對　鄔錫非注

教育類

新譯三字經　黃沛榮注
新譯幼學瓊林　馬自毅注　陳滿銘校
新譯顏氏家訓　李振興等注

政事類

新譯唐六典　朱永嘉注
新譯商君書　貝遠辰注　陳滿銘校
新譯鹽鐵論　盧烈紅注　黃志民校
新譯貞觀政要　許道勳注　陳滿銘校

地志類

新譯水經注　鞏本棟、王一涓注
新譯大唐西域記　陳　飛等注　黃俊郎校
新譯洛陽伽藍記　劉九洲注　侯迺慧校
新譯徐霞客遊記　黃　珅注

開卷解惑——汲取大師智慧，優游國學瀚海

國學常識

邱燮友 張文彬 張學波 馬森 田博元 李建崑 編著

研讀國學的入門階，為您紮下深厚的國學基礎，從基本常識入手，配合時代，以新觀念、新方法加以介紹。書末提供「國學基本書目」，是自修時的最佳指引，一生的讀書方針。並有「國學常識題庫」，幫助您反覆學習，評量學習效果。

國學常識精要

邱燮友 張學波 田博元 李建崑 編著

由《國學常識》刪略而成，擷取其中精華，更易於記誦，更便於攜帶。

國學導讀（一）～（五）

邱燮友 田博元 周何 編著

將國學分為五大門類，分別請著名學者執筆，結合當前國內外國學界精英，集其數十年教學研究心得，是愛好中國學術、文學者治學的鑰典，自修的津梁。